诚信内蒙古建设

——社会诚信篇——

本书编写组

内蒙古人民出版社

图书在版编目（CIP）数据

诚信内蒙古建设．社会诚信篇 / 本书编写组编．--
呼和浩特：内蒙古人民出版社，2024.3
（诚信内蒙古建设丛书）
ISBN 978-7-204-18039-4

Ⅰ．①诚… Ⅱ．①本… Ⅲ．①社会公德－研究－
内蒙古 Ⅳ．①D648

中国国家版本馆 CIP 数据核字 (2024) 第 057285 号

诚信内蒙古建设·社会诚信篇

作　　者　本书编写组
责任编辑　王　静　蔺小英
封面设计　刘那日苏
内文插画　海日瀚
出版发行　内蒙古人民出版社
地　　址　呼和浩特市新城区中山东路 8 号波士名人国际 B 座五楼
网　　址　http://www.impph.cn
印　　刷　内蒙古恩科赛美好印刷有限公司
开　　本　880mm × 1230mm　1/32
印　　张　4.125
字　　数　60 千
版　　次　2024 年 3 月第 1 版
印　　次　2024 年 3 月第 1 次印刷
书　　号　ISBN 978-7-204-18039-4
定　　价　18.00 元

前　言

习近平总书记指出，“‘诚信’，就是重规则、守契约、讲信用、言必信、行必果”，“‘人而无信，不知其可’；企业无信，则难求发展；社会无信，则人人自危；政府无信，则权威不立”。这些重要论述深刻阐明了诚信的基本内涵和诚信建设的重要性，为社会信用体系建设指明了方向、提供了遵循。

自治区党委十一届七次全会暨全区经济工作会议强调，要聚焦完成“五大任务”，坚持稳中求进、以进促稳、先立后破，全力抓好事关高质量发展的重点任务。全会提出，要实施好对全区经济发展和民生改善具有支撑性、牵引性、撬动性作用的“六个工程”，其中之一就是诚信建设工程。自治区党委把2024年确定为“诚信建设提升年”，将用一年时间在全区范围内持续推进诚信建设促进行动，建立健全诚信建设制度机制，推动各级党委和政府信守承诺，统筹推进政务诚信、商务诚信、社会诚信、司法公信建设，引导全社会不断提高诚信意识，树立内蒙古人讲诚信、守信用的正面形象。

为帮助全区广大党员干部深刻理解和系统把握习近平总书记关于诚信建设的重要论述和对内蒙古的重要指示精神，全面贯彻落实自治区党委关于诚信建设的安排部署，自治区党委宣传部组织自治区有关部门和专家学者编写了《诚信内蒙古建设》系列读物。

读物坚持以习近平新时代中国特色社会主义思想为指导，聚焦自治区党委提出的“一个加强、四个提升”工作部署，紧紧围绕贯彻落实《关于在全区开展诚信建设工程的实施方案》，对推进政务诚信、商务诚信、社会诚信、司法公信建设进行深入浅出的阐释解读。读物既致力于讲清政务诚信、商务诚信、社会诚信、司法公信建设“是什么”，又致力于讲透政务诚信、商务诚信、社会诚信、司法公信建设“为什么”，既客观描述“怎么看”我区在诚信建设各领域取得的成就，又结合区情实际探索今后诚信建设各领域“怎么办”，力求做到阐释理论清晰明了、总结成就客观中肯、提出举措务实具体、呈现形式新颖活泼。

新征程新使命呼唤新担当新作为。全区广大党员干部要坚持以习近平新时代中国特色社会主义思想为指导，紧紧围绕中国式现代化的本质要求，以铸牢中华民族共同体意识为主线，以社会主义核心价值观为引领，以中华优秀传统文化为根基，以提高全社会诚信意识和诚信水平为支撑，以持续优化营商环境为目标，扎实推进信用理念、信用制度、信用手段与国民经济体系各方面各环节相融合，引导全社会守信践诺，为办好两件大事，实现闯新路、进中游目标提供有力支撑。

目录

Contents

第三章 社会诚信建设举措

第一章 社会诚信概述

习语金句

要坚持依法治国和以德治国相结合，把社会主义核心价值观融入法治建设，完善诚信建设长效机制，加大对公德失范、诚信缺失等行为惩处力度，努力形成良好的社会风尚和社会秩序。

——习近平 2020 年 2 月 5 日在中央全面依法治国委员会第三次会议上的讲话

弘扬诚信文化，健全诚信建设长效机制。

——习近平 2022 年 10 月 16 日在中国共产党第二十次全国代表大会上的讲话

引经据典

诚，信也，从言成声。

信，诚也，从人从言。

——《说文解字》

贞观十年，魏征上疏曰："臣闻为国之基，必资于德礼，君之所保，惟在于诚信。诚信立则下无二心，德礼形则远人斯格。然则德礼诚信，国之大纲，在于君臣父子，不可斯须而废也。故孔子曰：'君使臣以礼，臣事君以忠。'又曰：'自古皆有死，民无信不立。'文子曰：'同言而信，信在言前；同令而行，诚在令外。'然而言而不信，言无信也；令而不从，令无诚也。不信之言，无诚之令，为上则败德，为下则危身，虽在颠沛之中，君子之所不为也。"

——《贞观政要》

一、社会诚信的涵义

社会诚信是国家为深入开展道德领域突出问题专项教育和治理而提出的专项议题之一，旨在社会生活中逐渐形成诚实守信的社会风气。

社会诚信不是一种抽象的理论形态，而是在不同社会中通过不同的表现形式展现在大众眼前的实际行动。社会诚信在个体领域，表现为一种诚信品质，是道德品质的重要组成部分；在社会文化领域，则表现为社会意识的有机组成部分，是一种特殊的道德规范。从经济维度看，社会诚信是保证市场运行的客观规律；从法律维度看，社会诚信是一条固有的法律原则。

现代社会信用体系建设实际上就是将与诚信建设有关的社会文化、社会制度、社会规则等资源有机整合，通过教育、激励和惩戒等多种手段，引导和规范社会成员的价值取向，使他们自觉地选择诚实守信，共同促进社会诚信水平的提高，从而维护正常的社会秩序，保障经济社会的繁荣发展，最终达到人民生活和谐与幸福的目的。

诚信是社会主义核心价值观的基本内容之一。党的十八大报告明确提出："深入开展道德领域突出问题专项教育和治理，加强政务诚信、商务诚信、社会诚信和司法公信建设。”党的十九大报告中，在文化建设方面，也再次强调：“推进诚信建设和志愿服务制度化。”党的二十大报告对诚信建设提出新的部署和要求。

相关知识

党的二十大报告指出：“完善产权保护、市场准入、公平竞争、社会信用等市场经济基础制度，优化营商环境。”“弘扬诚信文化，健全诚信建设长效机制。”

综上所述，社会诚信不仅包括个人的诚信行为，还涵盖了社会生活中被广泛认可的道德和规则。在健康的社会体系中，诚信是构建个体与个体、个体与群体之间稳定的社会关系的基石，需要政府、企业等组织以及社会个体之间相互信任和依赖。诚信是一个多层次、多维度的概念，贯穿人类社会发展的过去、现在和未来，是人类普遍追求的价值观，需要每个人自觉遵守和维护。

二、社会诚信的具体内容

着力提高公共服务质量，充分发挥信用建设在社会治理中的作用，加强个人诚信教育和约束，是社会诚信建设的重要内容。具体来说，社会诚信主要包括以下几个方面：

（一）个人诚信

个人诚信指个体在日常生活中遵守道德准则和法律法规，保持诚实守信的行为和态度。个人诚信是个人品行的重要体现，反映了思想自我和现实自我的有机统一，体现于个体的个性和价值取向之中。

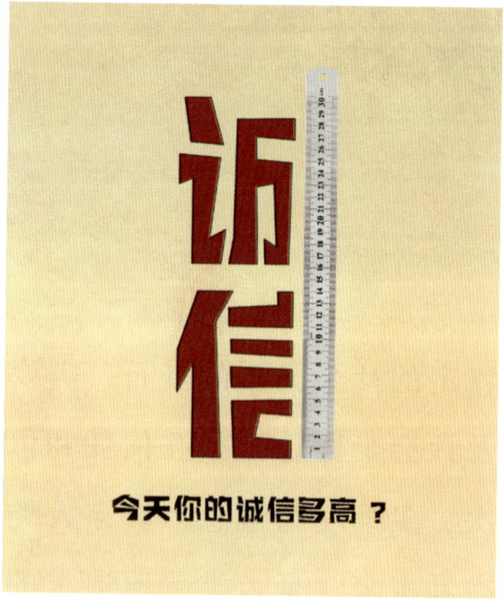

首先，个人诚信是一个人内在道德品质的核心组成部分，是衡量人

品的重要标准之一。个人诚信是一个人道德品质的基础，涉及个人的价值观、行为准则和道德规范等方面。其次，个人诚信体现了一个人的责任感和信誉度，它不仅是一个人在社会中立足的基础，也是其在事业上取得成功的重要保障。一个具备诚信品质的人在各种场合中都能赢得他人的信任和尊重。再次，个人诚信对于人的成长和发展具有重要意义。一个具备诚信品质的人不仅能够建立健康、稳定的人际关系，还能够树立良好的个人形象，增强自身的竞争力。

同时，个人诚信也是衡量一个人信用践行程度的关键指标。它通过一个人的经济行为、社会行为等外在表现来体现。个人的经济行为包括贷款、使用信用卡、保险行为等，个人的社会行为包括遵守公共秩序、尊重他人权益等。

在日常生活中，诚信是每个人的基本素养，人人都应该诚实守信，做到言行一致、遵守诺言。个人诚信还对社会的正常运转及和谐发展具有重要的保障作用。因此，我们应该注重培养个人诚信，树立正确的价值观和道德观，努力提升自己的信用践行程度，以实现个人价值和社会和谐稳定发展。

（二）公共服务诚信

公共服务诚信指公共服务机构及其人员在提供公共服务过程中应遵循的诚实守信原则和行为准则，是提升公共服务质量和效率的关键因素之一。

公共服务诚信的核心是诚实守信。这意味着公共服务机构的工作人员在提供服务时，必须做到真实客观、遵守承诺、履行职责，不得有任何欺诈、

隐瞒或虚假行为。同时，公共服务机构的工作人员在面对公众时，应保持公正、公平的态度，尊重公众的权益和利益。另外，公共服务机构的工作人员应具有高度的责任感和敬业精神，积极履行工作职责，不断提高服务质量和效率。在出现问题时，应将保障公众的利益作为前提，及时、真诚地进行沟通，精准高效地解决问题。

公共服务诚信是社会诚信体系的重要组成部分，关乎公众的切身利益和社会的发展稳定。加强公共服务诚信建设可以提高公共服务的水平和质量，增进公众对公共服务机构的认同和支持，推动社会和谐稳定发展。

（三）社会治理诚信

社会治理诚信是在社会治理过程中，公共权力机构、社会组织、企业和公民等各个主体基于相互信任、守信践诺、共同合作、互利共赢等原则，通过制定和实施社会治理诚信制度、政策及行为准则，实现公共利益最大化的过程。

诚信是社会治理现代化的重要标志之一，也是社会和谐稳定发展的重要保障。社会治理的核心是诚信原则。这一原则是社会治理过程中各方主体均需遵守的基本原则，包括诚实守信、言行一致、履行承诺等内容。社会治理诚信的目标是实现公共利益的最大化，通过各方主体通力合作、互利共赢的方式，提高社会治理的效率和质量，增强社会稳定性，推动社会和谐发展。

社会治理是诚信建设的基础，要通过加强社会信用制度、机制和文化等方面的建设，建立完善的社会诚信体系，为守信激励和失信惩戒提供支持，充分发挥信用建设在社会治理中的重要作用。

三、社会诚信建设的重要意义

（一）社会诚信建设是公民道德建设的重要举措

党的十八大报告指出：“倡导富强、民主、文明、和谐，倡导自由、平等、公正、法治，倡导爱国、敬业、诚信、友善，积极培育和践行社会主义核心价值观。”其中，爱国、敬业、诚信、友善是公民基本道德规范，是从个人行为层面对社会主义核心价值观基本理念的凝练。社会主义核心价值观体现在国家、社会、个人三个层面的价值目标取向和准则当中。其中，个人层面的核心价值观是社会道德的基础，是国家、社会、个人全方位践行社会主义核心价值观的重要突破口。

诚信是五常之本、百行之源，它被纳入社会主义核心价值体系，可见其重要性。从社会个体角度看，社会诚信与道德相关，是个体美德的表现；从社会群体角度看，社会诚信与伦理、规则相关，

是规范个体与个体、个体与群体之间关系的伦理准绳。倡导和培育诚信的社会主义核心价值观，既是党解决社会转型引发的诚信缺失问题采取的重要举措，也是党对建设什么样的国家、建设什么样的社会、培育什么样的公民这些重大问题的明确回答。因此，社会诚信建设是公民道德建设的重要举措。

（二）社会诚信建设是社会主义市场经济的基础

市场经济是商品经济发展的高级阶段，是社会进步的产物。市场经济的实质是契约经济，要求市场主体以诚信为本，严守契约。契约自由赋予了市场主体经营自主权，信用则是维护市场经济秩序的重要力量。

随着商品经济的不断发展，商品生产量趋于饱和，供需失衡导致竞争加剧，卖方市场渐渐转变为买方市场。在买方决定市场的经济环境下，卖方要积极地开拓市场，才能使生产出的商品进入消费环节。然而，买方的消费需求受现实购买力的制约，导致消费能力不足，消费需求持续疲软。卖方为了解决现实购买力疲软与消费需求扩大之间的矛盾，在流通领域中采取分期付款、消费贷款、商品赊销等方式，推动消费升级。信用可以减少市场交易成本。在购销过程中，买方和卖方的信用扮演着十分重要的角色。从工业时代进入信息化时代，信用愈发受到重视，社会诚信成为信息化时代的灵魂。

人无信不立，市无信则乱。市场经济中，企业是主体。因此，市场经济中的诚信观具体体现到企业中。各家企业应继承并弘扬中华民族源远流长的诚信文化，树立诚信经营、货真价实、童叟无欺的企业形象。历史和实践充分证明，诚信经营的企业大多能够在市场竞争中脱颖而出，持续发展，反之则会被市场淘汰。如始于明朝嘉靖年间的“六必居”酱园，始于清朝初年的“同仁堂”药店、“王致和”腐乳等，这些历经百余年的“老字号”无一不是遵循

北京同仁堂

王致和

WANGZHIHE

诚信经营的准则，才能够立得住、行得稳，长盛不衰。一言以蔽之，诚信经营是提升企业公信力和核心竞争力最有效的途径。因此，社会诚信建设是社会主义市场经济的基础，也是深化改革的必然要求。

典型案例

北京同仁堂

清初设于北京的中医药行业老字号同仁堂，历经三百多年经久不衰，已然成为中国传统医药行业的一块金字招牌。在历史长河中，同仁堂几度兴衰，始终屹立不倒的背后，蕴含的是其独特的经营理念和对古训的执着坚守。历代同仁堂人始终恪守“炮制虽繁必不敢省人工，品味虽贵必不敢减物力”的古训，始终坚持诚信经营，树立“修合无人见，存心有天知”的自律意识，铸就了同仁堂“配方独特、选料上乘、工艺精湛、疗效显著”的产品特色，同时告诉世人，诚信经营是企业生存发展之本。

（三）社会诚信建设是社会主义民主政治的重要支撑

社会诚信建设的政治意义主要体现在政务诚信和司法公信建设的价值方面。政务诚信是社会诚信之本，司法公信是社会诚信的保障，它们制约和影响着社会诚信建设。政务诚信指政府要对社会、对公民恪守信用准则，其核心是依法行政、守信践诺，发挥政府在诚信建设中的示范表率作用，取信于民。这既是建设法治政府的必然要求，也是建设诚信社会的重要基础。司法公信是社会公众对司法制度、司法机关、司法权运行过程及结果进行认知和判断后，形成的一种信任和尊重的社会心理状态。司法公信的获得，客观上要求相关机关做到立法诚信、执法诚信、司法诚信，同时需要社会公众的主观感知，二者缺一不可。

我国正处于社会转型和经济高速发展时期，政务领域和司法领域诚信缺失的问题已然成为我国民主政治建设面临的一个重要问题。从“李某”到“郭某某”，民众对公安部门、红十字会产生误解，出现信任危机，慈善机构的募捐额大幅减少。后来又出现“表叔”“房叔”“临时工”等事件，导致政府公信力下降。有学者把这种现象称为我国的“塔西佗困境”或“塔西佗陷阱”。因此，社会诚信建设是社会主义民主政治的重要支撑。

相关知识

塔西佗陷阱

“塔西佗陷阱”得名于古罗马历史学家塔西佗，后被引申为一种社会现象，指当政府不受信任、不受欢迎时，实施的政策无论好坏，都会被认为是在做坏事。这里的不受欢迎主要指公信力下降。当公信力下降时，人们对政府部门产生信任危机，再加上网络上的炒作，民众产生了“不相信”或“总往坏处想”的社会心理。比如，对政府权力，对官方公布的数字、实施的政策以及做出的行政行为不信任；对专家的解释、辟谣不信任，并戏称其为“砖家”；对主流媒体发布的信息不信任，宁可相信一些小道消息；等等。

（四）社会诚信建设是推进依法治国的重要保障

习近平总书记指出："法律是成文的道德，道德是内心的法律。"法律的核心目标是维护社会的公平和正义。法律的制定离不开道德这个基础，法律的实施离不开道德的支持，法治建设离不开道德的滋养。道德对法律的制定和实施起着至关重要的指导作用。法律往往是在人们普遍认同的道德原则和价值观的基础之上制定的，用以保护社会成员的权益。诚信原则体现了道德的法律化，是法律遵循的基本原则之一。立法有信、执法有信、司法有信，则会强化人们对法律的信仰；反之，人们会对法治失去信心，进而导致社会动荡。所以，诚信是法律的灵魂，也是社会公正、社会和谐的基石。

1. 社会诚信与立法。习近平总书记曾强调："人民群众对立法的期盼，已经不是有没有，而是好不好、管用不管用、能不能解决实际问题；不是什么法都能治国，不是什么法都能治好国；越是强调法治，越是要提高立法质量。"所以，被宪法赋予立法权的主体应当遵循宪法的基本原则，依照法定的权限和程序，从国家整体利益出发，维护社会主义法制的统一和尊严，体现人民的意志；发扬社会主义民主，维护广大人民群众的利益，诚信立法，为人民履职尽责，立人民需要的法、立人民拥护的法，从而赢得广大人民群众的信任、支持和拥护。这成为立法主体首先要考虑的问题。

2. 社会诚信与执法。天下之事，不难于立法，而难于法之必行。执法，既是国家行政机关进行社会管理的权力，也是其对社会和民众承担的义务和职责。法律的生命力在于实施，法律的权威也在于实施。推进法治体系建设，重点和难点在于通过科学立法、严格执法、公正司法、全民守法，推动法律正确有效实施，把“纸上的法律”变为“行动中的法律”。在现代社会，国家行政机关被称为国家立法机关的执行机关。立法机关制定的法律、法规主要由国家行政机关贯彻、执行。国家行政机关执法具有权威性、强制性、主动性和单方面性等特点，是以国家的名义对社会生活进行全面管理，通过实施法律的功能、实现政府管理的职能和保障权利的功能来解决社会问题，调整社会关系。因此，诚信是规范执法的内在要求，正如《晏子春秋》所言：“举事不私，听狱不阿。”

3. 社会诚信与司法。司法是实现人民意愿的主要方式和手段，是贯彻落实党和国家方针、政策的保障，是社会进步、经济发展的根本需要。加强社会诚信建设是提升司法公信力的基础，意义重大。就司法活动与社会诚信的内在逻辑关系而言，司法活动正常进行是社会诚信的外在表现。司法工作者要在司法活动各环节坚守诚信理念，只有这样才能保证司法公正，才能赢得广大人民群众的信任、支持和拥护。司法公正是社会诚信的度量衡，司法程序越严格、越公正、越规范，司法公信建设就越能得到加强。诚信是促进司法公正、提高司法公信力的内在保证。

延伸阅读

《用公正司法助力诚信建设》，《人民日报》2021年5月13日。

第二章

内蒙古社会诚信建设取得的成就

习语金句

要不断体会和弘扬先人传承下来的传统美德，如“大道之行也，天下为公”、“不义而富且贵，于我如浮云”、“君子喻于义”、“言必信，行必果”、“德不孤，必有邻”、“人而无信，不知其可也”，等等，为为人处世、安身立命提供重要启示。

——习近平2015年1月12日在中央党校县委书记研修班学员座谈会上的讲话

引经据典

故君子者，信矣，而亦欲人之信己也；忠矣，而亦欲人之亲己也；修正治辨矣，而亦欲人之善己也。

——《荀子》

信犹五行之土，无定位，无成名，而水金木无不待是以生者。

——（宋）朱熹

一、多措并举，宣扬诚信

2014 年 5 月 4 日，习近平总书记在北京大学师生座谈会上指出，中华文化强调“言必信，行必果”、“人而无信，不知其可也”等，这样的思想和理念，不论过去还是现在，都有其鲜明的民族特色，都有其永不褪色的时代价值。

《说文解字》中关于诚信的定义为“诚，信也；信，诚也”。在古汉语中，“诚”与“信”二者可相互解释，意义相通。《论语·为政》说“人而无信，不知其可也”，

《群书治要·体论》说“夫妇有恩矣，不诚则离”，《论语·学而》说“与朋友交，言而有信”，《左传》说“信，国之宝也”，诚信成为立人之本、齐家之道、交友之基、为政之法、经商之魂。诚信文化作为中华文化的重要组成部分，一直延续至今，并且与时俱进。

（一）培育诚信精神，营造诚信氛围

中华优秀传统文化对现代社会产生重大而深远的影响。2014 年 2 月 24 日，习近平总书记在十八届中共中央政治局第十三次集体学习时指出：“尽管人们对中国古代核心价值观有各种解读，但儒家思想总体上为我国封建社会二千多年统治秩序和社会秩序提供了精神支撑。”这表明儒家文化中的精华

对于现代社会依然可以起到正面的积极的作用。内蒙古通过多种渠道、方式宣传诚信文化，在营造诚信氛围方

面做了很多工作。

一是拓展渠道，加大诚信宣传力度。自治区通过线下宣讲、线上推广等方式，如召开新闻发布会、制作宣传片、播发公益广告、组织专家访谈、推广“信用中国（内蒙古）”等，大力宣传诚信建设政策法规、诚信相关知识以及自治区诚信建设成果等，营造知信、用信、守信的良好氛围，进一步增强群众的诚信意识。

典型案例

呼和浩特市回民区新华西路街道新时代文明实践所开展“信用宣传进社区 诚信理念入人心”主题宣传活动

为深入学习《内蒙古自治区公共信用信息管理条例》，进一步增强辖区企业和居民的诚信意识，营造诚实守信的良好社会环境，2023 年 9 月 14 日上午，呼和浩特市回民区新华西路街道新时代文明实践所在光明游园开

展“信用宣传进社区 诚信理念入人心”主题宣传活动。活动现场，新华西路街道新时代文明实践所的志愿者们通过张贴横幅、发放宣传折页、现场解答等形式，结合养老诈骗专项整治行动，针对以征信修复、“洗白”“铲单”等为代表的常见诈骗行为进行宣传教育，提醒居民谨防上当受骗，并对条例内容和意义进行具体讲解，大力普及条例。

文章来源：回民区人民政府网站（有改动）

二是走进企业、社区、校园等，开展诚信宣传教育。组织专家学者、领导干部、执法骨干等人员开展对象化、分众化、差异化宣讲，增强学习宣传的时效性。例如，呼和浩特市新城区党委社区新时代文明实践站以“讲诚信、守信用、讲文明”为主题，开展诚信宣讲活动，旨在巩固诚信建设成果，营造良好的社会氛围；乌兰察布市以推进社区诚信建设为主要内容，以弘扬诚信文化为根本，推进社区诚信建设制度化、标准化、常态化，营造诚实守信的良好社会氛围；等等。各学校纷纷开展诚信教育进课堂、学生诚信档案建设、诚信征文比赛、诚信演讲比赛、考试承诺书签署等活动，将诚信理念根植于学生心中。

经验分享

内蒙古全面营造校园诚信文化氛围

作为大学生思想政治教育的重要内容之一，我区各高校一直把诚信教育作为重中之重，充分利用校园网站、微信公众平台、微博等新媒体以及举办专题讲座，召开主题班会，举办诚信征文、演讲比赛等诸多举措，大力宣传诚信文化重要性，全面营造校园诚信文化氛围；引领教师在教书育人过程中，成为传道授业解惑的学问之师，成为社会主义道德的示范者、诚信风尚的引领者和公平正义的维护者。

例如，呼伦贝尔学院把诚信教育与考试改革融为一体，推广无人监考模式，将大学生思想政治教育与专业知识学习相结合、诚实守信教育与行为能力养成相结合。在同学们看来，无人监考不仅是对他们诚

信品格的检验，同时让他们获得了被尊重和被信任的满足感。

内蒙古医科大学从新生入学开始，就组织诚信档案相关内容培训，并进行信息采集，让学生们了解诚信档案建设的意义，从而规范自己的言行，增强诚信意识，做一个诚实守信的人。

内蒙古工业大学在每年的新教师上岗前和教学能力提升培训中，举办师德师风建设主题报告会与系列讲座，将师德师风、诚信教育贯穿整个培训过程，要求每位承担课程的主讲教师以身立教，蕴师者风范于言谈举止之间，做到以德立身、以德立学、以德施教。

文章来源：《内蒙古日报》2018 年 9 月 16 日（有改动）

三是结合北疆文化建设，弘扬蒙古马精神，深入挖掘内蒙古诚实守信的生动事例，积极开展选树典型等活动，充分发挥先进典型的示范引领作用，在全社会营造“守信光荣、失信可耻”的浓厚氛围。

（二）出台相关文件，建设信用体系

习近平总书记在《干部的基本功——密切联系人民群众》一文中指出：“领导的威信从哪里来？

靠上级封不出来，靠权力压不出来，靠耍小聪明骗不出来，只有全心全意、尽心竭力、坚持不懈为人民办事，才能逐步地树立起来。”

知识链接

市令

“市”指的是市场，即一个地方集中进行交易的场所；“令”指命令、法令。“市令”即“司市官颁布的教令”，具有法律约束性。我国法制文明的历史源远流长，其中《关市令》就是由“市令”衍生出的一项法令。唐代、宋代都曾颁布《关市令》，也都有律文保存下来。例如，宋朝颁布的《关市令》是一部商业法规，旨在规范市场交易行为和商业活动。其十九“行滥条”规定：凡以行滥之物交易者，没官；短狭不如法者，还主。二十“除官市买条”规定：凡除官市买者，皆就市交易，不得坐召物主，乖违时价。不论官私，交付其价，不得悬违。上述条例均是对经商行为的规范和约束。“关市”制度通过守信激励和失信惩戒的规定，有效地规范了商业行为，促进市场健康发展。这种制度设计既鼓励了诚信经营，又遏制了失信行为的发生，为商业活动的开展创造了一个良好的环境，体现了守信激励、失信惩戒对于助推社会诚信建设的重要意义。

社会诚信作为社会信用体系建设的重要组成部分，与政府、组织和个人息息相关。2014 年，国务院印发《社会信用体系建设规划纲要（2014—2020年）》。纲要颁布以后，包括内蒙古自治区在内的省市区先行先试，相继出台社会信用体系建设工作方案。如 2015 年，内蒙古自治区人民政府发布《内蒙古自治区人民政府关于加快社会信用体系建设的意见》。该意见及其后制定的《内蒙古自治区人民政府关于建立完善守信联合激励和失信联合惩戒制度加快推进社会诚信建设的实施意见》《内蒙古自治区公共信用信息管理条例》《内蒙古自治区关于构建诚信建设长效机制全面推进社会信用体系建设高质量发展的实施意见》等相关文件，有力推动了内蒙古自治区社会诚信建设步伐的加快。2024 年 1 月 31 日，内蒙古自治区司法厅发布《内蒙古自治区社会信用条例（征求意见稿）》，为推进自治区社会信用体系建设起到关键的指导作用。

内蒙古自治区积极响应国家号召，立足于本土实际问题，梳理和分析诚信建设工作开展过程中总结和提炼出的共性问题、深层次问题，不断完善相关制度，通过不断更新、适时出台促进全社会诚实守信的相关政策，建立“不敢失信、不能失信、不想失信”的长效机制。

典型案例

通辽市科尔沁区政府采购实施“双向承诺＋信用管理”

在《政府采购信息报》联合政府采购信息网举办的“18届政府采购监管大会暨政府采购20周年庆典”上，通辽市科尔沁区获得“全国政府采购百强区（市、县）（2022—2023年度）”荣誉称号。

科尔沁区财政局以优化财政工作流程为抓手，以手续最简、环节最少、成本最低、效率最高为目标，坚持“六个聚焦”，深入推进诚信建设工作。“六个聚焦”的一项重要内容是监督约束，推进采购的法治化。2023 年，科尔沁区加强政府采购监管，开展优化营商环境专项督查，整理督查材料 300 余份，通过自查方式开展政府采购代理机构检查；联合市场监督管理局、税务局开展“双随机、一公开”监管，累计现场纠正 12 家采购代理机构执法不规范等问题 6 个。认真落实《内蒙古自治区财政厅关于公开发布政府采购监督预警规则的通知》，根据预警结果，按月对预算单位进行通报。

文章来源：信用中国网站（有改动）

特别关注

关于社会诚信建设的重要政策文件

1. 国家层面

时间	文件名	主要内容	
2014 年	《社会信用体系建设规划纲要（2014—2020 年）》	健全法制，规范发展。逐步建立健全信用法律法规体系和信用标准体系，加强信用信息管理，规范信用服务体系发展，维护信用信息安全和信息主体权益。	

续表

时间	文件名	主要内容	
2014 年	《中共中央关于全面推进依法治国若干重大问题的决定》	加强社会诚信建设，健全公民和组织守法信用记录，完善守法诚信褒奖机制和违法失信行为惩戒机制，使尊法守法成为全体人民共同追求和自觉行动。	
2016 年	《国务院关于建立完善守信联合激励和失信联合惩戒制度加快推进社会诚信建设的指导意见》	各地区、各有关部门要把实施守信联合激励和失信联合惩戒作为推进社会信用体系建设的重要举措，认真贯彻落实本意见并制定具体实施方案，切实加强组织领导，落实工作机构、人员编制、项目经费等必要保障，确保各项联合激励和联合惩戒措施落实到位。	
2016 年	《国务院办公厅关于加强个人诚信体系建设的指导意见》	将诚信文化建设摆在突出位置，以培育和践行社会主义核心价值观为根本，大力普及信用知识，制定颁布公民诚信守则，将诚信教育贯穿公民道德建设和精神文明创建全过程。	

续表

时间	文件名	主要内容	
2019 年	《优化营商环境条例》	国家加强社会信用体系建设，持续推进政务诚信、商务诚信、社会诚信和司法公信建设，提高全社会诚信意识和信用水平，维护信用信息安全，严格保护商业秘密和个人隐私。	
2019 年	《新时代公民道德建设实施纲要》	要继承发扬中华民族重信守诺的传统美德，弘扬与社会主义市场经济相适应的诚信理念、诚信文化、契约精神，推动各行业各领域制定诚信公约，加快个人诚信、政务诚信、商务诚信、社会诚信和司法公信建设，构建覆盖全社会的征信体系，健全守信联合激励和失信联合惩戒机制，开展诚信缺失突出问题专项治理，提高全社会诚信水平。	
2020 年	《中共中央国务院关于新时代加快完善社会主义市场经济体制的意见》	构建适应高质量发展要求的社会信用体系和新型监管机制。完善诚信建设长效机制，推进信用信息共享，建立政府部门信用信息向市场主体有序开放机制。	

续表

时间	文件名	主要内容	
2020 年	《国务院办公厅关于进一步完善失信约束制度构建诚信建设长效机制的指导意见》	加强信用信息安全管理。各级公共信用信息系统要按照保护市场主体权益的要求，明确信息查询使用权限和程序，建立完善信息查询使用登记和审查制度，防止信息泄露，对故意或因工作失误泄露信息的，要依法依规严格追究相关单位和人员责任。	
2022 年	《关于推进社会信用体系建设高质量发展促进形成新发展格局的意见》	推动社会信用体系建设全面纳入法治轨道，规范完善各领域各环节信用措施，切实保护各类主体合法权益。充分调动各类主体积极性创造性，发挥征信市场积极作用，更好发挥政府组织协调、示范引领、监督管理作用，形成推进社会信用体系建设高质量发展合力。	

2. 内蒙古自治区层面

时间	文件名	主要内容	
2015 年	《内蒙古自治区人民政府关于加快社会信用体系建设的意见》	坚持政府推动，社会共建。发挥好政府的组织、引导、推动和示范作用，着力在打牢基础、提供基本服务、营造政策环境上下功夫。充分发挥市场机制作用，鼓励和调动企业、协会、信用服务机构等各方面力量广泛参与，形成推进社会信用体系建设的基础和合力。	
2016 年	《内蒙古自治区“十三五”时期社会信用体系建设规划》	统筹规划，分步实施。按照国家部署，结合我区实际，根据不同地区、部门和行业的特点，立足当前、着眼长远，系统规划、统筹协调，分类指导、分步实施，稳步推进社会信用体系建设。	
2017 年	《内蒙古自治区人民政府关于建立完善守信联合激励和失信联合惩戒制度加快推进社会诚信建设的实施意见》	多渠道选树诚信典型。依据法律法规及相关规定，建立完善诚信“红名单”制度，把各行业领域推荐的诚信典型列入“红名单”，让守信者受到激励，得到便利和优惠。有关部门要积极开展诚信示范企业创建活动，广泛树立诚信典型。	

续表

时间	文件名	主要内容	
2018年	《内蒙古自治区公共信用信息管理办法》	公共信用信息的归集、披露、使用和相关管理活动，应当遵循合法、安全、客观、公正、准确、及时的原则，不得泄露国家秘密、商业秘密和个人隐私。	
2021年	《内蒙古自治区公共信用信息管理条例》	守信联合激励和失信联合惩戒措施实行清单制管理。清单应当明确实施激励或者惩戒的具体事项、实施依据、实施主体、实施措施和实施对象等内容，并向社会公布。未经公布的守信激励措施和失信惩戒措施，不得实施。	
2021年	《内蒙古自治区“十四五”社会信用体系建设规划》	完善行业信用评价和监管制度，构建贯穿市场主体全生命周期，衔接事前、事中、事后全监管环节的新型监管机制，推动行业信用监管增量扩面，力争实现重点行业信用监管全覆盖。	

续表

时间	文件名	主要内容	
2021年	《内蒙古自治区国民经济和社会发展第十四个五年规划和2035年远景目标纲要》	健全社会信用体系法规制度和标准体系，不断优化公共信用信息系统功能。全面落实全国公共信用信息基础目录，按照有关规定和程序制定公共信用信息补充目录，实现“一张网”管理、“一站式”查询。完善“信易贷”平台，加强各类信息归集。	
2023年	《关于构建诚信建设长效机制全面推进社会信用体系建设高质量发展的实施意见》	推动社会信用体系建设全面纳入法治轨道，规范完善各领域各环节信用监管措施，充分调动各类主体积极性、创造性，切实保护各类主体合法权益，推动我区社会信用体系迈入高质量发展的新阶段。	
2024年	《2024年内蒙古自治区国民经济和社会发展计划》	聚焦优化发展环境，加快实施诚信建设工程。着力破除体制机制障碍，集中整治诚信领域突出问题，促进民营企业发展壮大，推动国资国企高质量发展，充分激发各类经营主体的内生动力和创新活力。	

二、加强建设，成效显著

《社会信用体系建设规划纲要（2014—2020年）》颁布以来，内蒙古自治区认真贯彻落实纲要指示精神，在社会信用体系建设方面取得显著成效，为社会治理和诚信文化建设奠定了坚实的基础。

2015年出台的《内蒙古自治区人民政府关于加快社会信用体系建设的意见》明确了内蒙古自治区政务诚信、商务诚信、社会诚信和司法公信诚信体系建设中政府、行业和个人的责任和义务。其中，对于社会诚信建设，要求规范社会领域的诚信行为，重点加强医疗卫生、教育科研、互联网应用及服务等领域的诚信建设，加大对各种违法失信行为的惩处力度，完善服务和管理对象信用记录，引导社会成员树立守信意识，提高社会组织诚信自律水平。要完善社会组织登记管理信息，健全社会组织信息公开制度，引导社会组织增强诚信自律意识，把诚信建设内容纳入各类社会组织章程，提高社会组织的公信力。要加强个人诚信建设，完善自然人信用记录，积极推动个人征信系统建设和应用。要加强重点人群职业诚信建设，对《社会信用体系建设规划纲要（2014—2020年）》提出的17类重点人群的诚信档案，要进行完善，在资格资质评定、岗位聘任聘用等工作环节使用信用信息和信用产品，引导全社会恪守职业操守和诚信准则。

（一）医药诚信

人民健康是社会文明进步的基础，是民族昌盛、国家富强的重要标志，也是广大人民群众的共同追求。医药行业作为社会经济中重要的组成部分，与人民健康息息相关，与国计民生紧密相连。树立诚信意识，加强诚信体系建设是其应尽的社会责任。

为完善社会信用体系，推进完善以市场为主导的医药价格形成机制，促进医药企业按照公平合理、诚实守信、质价相符的原则制定价格，促进医药产品价格合理回归，维护人民群众的切身利益，依据《中华人民共和国药品管理法》等法律法规，2020年，国家医疗保障局发布了《国家医疗保障局关于建立医药价格和招采信用评价制度的指导意见》，提升医药行业信用评价标准化、规范化程度，增强区域间医药行业信用评价工作的协调性和均衡性，公平有序地开展医药价格和招采信用评价工作。

典型案例

内蒙古利用信用评价利剑，力促医药企业主动降价

医药价格和招采信用评价制度是信用体系建设的重要机制，是失信主体解除惩戒措施的制度保障，有助于构建以信用为基础的事中事后监管机制，为医药企业恢复信用、合理经营提供了制度利剑。2023年第二季度，内蒙古自治区医药采购中心向相关耗材失信企业发送《医药价格和招采信用评价处置事先告知书》，告知拟作出的信用评级和处置措施等，并给予书面提醒告诫。8家企业主动进行信用修复，立即下调11种医用耗材产品的价格，平均降幅达56.6%。其中，降钙素原测定试剂盒（磁微粒化学发光免疫分析法）和

同型半胱氨酸测定试剂盒（酶循环法）HCY价格降幅分别达75%和74%。

文章来源：内蒙古自治区医疗保障局网站（有改动）

在线问答

医药价格和招采信用评价制度有哪些主要内容?

依据《国家医疗保障局关于建立医药价格和招采信用评价制度的指导意见》，医药价格和招采信用评价制度具体包括六方面内容：

1. 制定信用评价目录清单。国家医疗保障局制定信用评价目录清单，将医药商业贿赂、涉税违法、实施垄断行为、不正当价格行为、扰乱集中采购秩序、恶意违反合同约定等有悖诚实信用的行为纳入医药价格和招采信用评价范围。

2. 建立医药企业主动承诺机制。医药企业参加或委托参加药品和医用耗材集中采购、平台挂网等，需要向省级集中采购机构提交书面承诺。承诺事项包括杜绝失信行为、承担失信责任、接受处置措施等。

3. 建立失信信息报告记录机制。采取企业报告与平台记录相结合的方式，医药企业应主动及时向失信行为发生地的省级集中采购机构报告失信信息。省级集中采购机构定期梳理汇总、采集校验医药企业失信信息。后续国家医疗保障局将积极推动与相关部门建立案源信息的共享交流机制，不断增强信息获取的及时性、准确性和完备性。

4. 建立医药企业信用评级机制。省级集中采购机构依据法院判决或行政处罚决定认定事实，开展信用评级；根据失信行为性质、情节、时效、影响，确定医药企业在本地招标采购市场的信用等级，并进行动态更新。

5. 建立失信行为分级处置机制。省级集中采购机构根据医药企业信用评级，分别采取书面提醒告诫、依托集中采购平台向采购方提示风险信息、限制或中止相关药品或医用耗材投标挂网、向社会公开披露失信信息等处置措施。情节特别严重时，失信企业将面临丧失集中采购市场的风险。

6. 建立医药企业信用修复机制。失信行为超过一定时限或依法撤销的，不再计入信用评价范围。给予医药企业申诉和整改期，鼓励企业采取剔除价格中的虚高空间、退回或公益性捐赠不合理收益等切实措施，主动修复信用。

（二）科研诚信

科研诚信指科研人员在科研活动中弘扬以追求真理、实事求是、崇尚创新、开放协作为核心的科学精神，遵守相关法律法规，恪守科学道德准则，遵循科学研究共同体公认的行为规范和道德准则，做到客观、公正、诚实。科研诚信是社会诚信体系的重要组成部分。它不仅是我国科学研究事业健康发展的内在要求，而且事关我国创新型国家的建设。科研人员作为社会的高知群体，其诚信品质对整个社会诚信道德风尚的形成具有引领和示范作用。

我国的科研诚信建设始于20世纪80年代。为加强科研诚信和伦理建设，积极构建科技大监督格

局，国家相继颁布一系列政策和措施，科研作风学风持续向好态势基本形成。从《中华人民共和国科学技术进步法》两次修订，到《关于进一步加强科研诚信建设的若干意见》《国务院办公厅关于优化学术环境的指导意见》《关于推进社会信用体系建设高质量发展促进形成新发展格局的意见》等一系列文件对加强科研诚信建设作出部署，再到各部门结合各自职责制定了一系列相关领域的科研诚信建设制度，一个覆盖科技创新活动主要方面的科研诚信制度体系已经形成。

为规范科研失信行为调查处理工作，2019 年 9 月 25 日，科技部会同科研诚信建设联席会议成员单位（中宣部等 19 个部门），印发了《科研诚信案件调查处理规则（试行）》。2022 年 8 月 25 日，科技部会同科研诚信建设联席会议成员单位（中宣部等 21 个部门），对该规则进行了修订，并印发了《科研失信行为调查处理规则》。新规则共 7 章 53 条，为科研失信行为调查处理工作立规矩、定守则，进一步规范调查程序，统一处理尺度，为加强科研诚信建设提供了制度保障。

近年来，内蒙古自治区从科技体制改革及优化创新生态环境等多方面对科研诚信作风学风建设进行整体谋划，进一步健全完善科研诚信制度体系。2019年，为弘扬科学精神，加快诚信内蒙古建设，自治区科技厅等12个部门联合制定了《关于进一步加强科研诚信建设的实施方案》。2021—2022年，为增强自治区科技活动相关信用主体科研诚信意识，加强科研作风和学风建设，营造良好的科技创新氛围，自治区科技厅又相继印发了《内蒙古自治区科研信用评价办法》和《内蒙古自治区科研诚信管理办法》，对进一步完善自治区科研诚信制度体系、增强科研人员科研诚信意识、加强科研诚信文化建设意义重大。

同时，内蒙古自治区依托“信用中国”“国家企业信用信息公示系统”等平台，完成“内蒙古自治区科研诚信与监督管理信息系统”一期建设工作，实现对申报单位和法人的科研诚信信息运用一键审查功能进行审查。从2019年至今，自治区科技厅依据《科研诚信案件调查处理规则（试行）》《科研失信行为调查处理规则》，对科技部交办的5项案件进行调查处理，并将严重违背科研诚信要求的行为纳入科研诚信严重失信行为数据库。为强化各部门协调配合，自治区科技厅联合自治区党委宣传部、科协，出台《关于进一步弘扬科学家精神加强作风和学风建设的实施方案》；在自治区科技厅牵头下，自治区党委组织部、宣传部及社科联、发改委等12个部门建立了科研诚信工作厅际联席会议制度，及时研究解决实际工作中的重要问题。此外，自治区积极组织开展关于科研诚信的专题宣传教育和业务工作宣讲活动，并大力宣传典型人物，弘扬科学家精神，助力作风和学风建设，营造良好的社会诚信氛围。

在线问答

1 与科研诚信相关的法律法规有哪些？

《中华人民共和国科学技术进步法》《中华人民共和国著作权法》《中华人民共和国人类遗传资源管理条例》《涉及人的生物医学研究伦理审查办法》《关于进一步加强科研诚信建设的若干意见》《关于进一步弘扬科学家精神加强作风和学风建设的意见》《科研失信行为调查处理规则》等文件都对涉及的相关科研诚信行为进行了规范与约束，旨在加强科研诚信建设，提高科研人员职业道德修养，预防科研失信行为。

2 常见的科研失信行为有哪些？

《科研失信行为调查处理规则》第二条规定：科研失信行为是指在科学研究及相关活动中发生的违反科学研究行为准则与规范的行为，包括抄袭剽窃、侵占他人研究成果或项目申请书；编造研究过程、伪造研究成果，买卖实验研究数据，伪造、篡改实验研究数据、图表、结论、检测报告或用户使用报告等；买卖、代写、代投论文或项目申报验收材料等，虚构同行评议专家及评议意见；以故意提供虚假信息等弄虚作假的方式或采取请托、贿赂、利益交换等不正当手段获得科研活动审批，获取科技计划（专项、基金等）项目、科研经费、奖励、荣誉、职务职称等；以弄虚作假方式获得科技伦理审查批准，或伪造、篡改科技伦理审查批准文件等；无实质学术贡献署名等违反论文、奖励、专利等署名规范的行为；重复发表，引用与论文内容无关的文献，要求作者非必要地引用特定文献等违反学术出版规范的行为；其他高等学校或者有关学术组织、相关科研管理机构制定的规则中属于学术不端的行为。

3 对于科研失信行为有哪些处罚措施?

《科研失信行为调查处理规则》第二十九条规定：科研失信行为处理措施有科研诚信诫勉谈话；一定范围内公开通报；暂停科技计划（专项、基金等）项目等财政性资金支持的科技活动，限期整改；终止或撤销利用科研失信行为获得的科技计划（专项、基金等）项目等财政性资金支持的科技活动，追回结余资金，追回已拨财政资金；一定期限禁止承担或参与科技计划（专项、基金等）项目等财政性资金支持的科技活动；撤销利用科研失信行为获得的相关学术奖励、荣誉等并追回奖金，撤销利用科研失信行为获得的职务职称；一定期限取消申请或申报科技奖励、科技人才称号和职务职称晋升等资格；取消已获得的院士等高层次专家称号，学会、协会、研究会等学术团体以及学术、学位委员会等学术工作机构的委员或成员资格；一定期限取消作为提名或推荐人、被提名或被推荐人、评审专家等资格；一定期限减招、暂停招收研究生直至取消研究生导师资格；暂缓授予学位；不授予学位或撤销学位；记入科研诚信严重失信行为数据库；其他处理。

（三）网络诚信

随着互联网技术的不断发展，网络空间已成为人类生存与发展的第二空间。根据中国互联网络信息中心发布的报告，截至 2023 年 6 月，我国网民规模达 10.79 亿人，互联网普及率达 76.4%，形成了全球最为庞大的数字社会。

网络空间是虚拟空间，但不是虚假的社会，而是现实社会的延伸。习近平总书记曾强调："网络空间是亿万民众共同的精神家园。网络空间天朗气清、生态良好，符合人民利益。网络空间乌烟瘴气、生态恶化，不符合人民利益。”确保网络空间天朗气清的前提，就是以诚信建设守护网络家园。

网络诚信是社会诚信在网络空间的体现，是社会诚信体系的重要组成部分。网络诚信不仅关乎我国互联网的健康发展，更关乎现实社会的长治久安。对于一个互联网大国来说，培育诚信因子，加强网络诚信建设，不是选择题，而是必答题。

为加强网络诚信建设，推进网络综合治理，自1994年以来，国家相继出台了一系列法律法规，如《中华人民共和国网络安全法》《中华人民共和国电子商务法》《中华人民共和国反电信网络诈骗法》，建立了社会信用体系建设部际联席会议制度、打击治理电信网络新型违法犯罪工作部际联席会议制度、网络市场监管部际联席会议制度，签署“构建诚信惩戒失信”合作备忘录，多部门协调联动，共享信用信息，明确网络诚信原则，规范网络诚信行为，对我国网络诚信建设作出战略部署，为网络诚信建设提供了有力的法治和制度保障。

针对边疆民族地区地域广、人口分散、互联网发展不平衡等特点，内蒙古加强网络综合治理与市域社会治理的融合衔接，“智能社会治理实验综合基地”“区块链+法治创新应用”等试点建设向纵深发展、向基层延伸。深入实施争做北疆好网民工程，广泛开展网络文化节等活动，推进网络文明建设；统筹执法管理、生态治理、行业自律、网民举报等各项工作，涉网管理部门依法打击涉网违规行为和违法犯罪行为，推进“断卡行动”“打猫行动”及整治网络欺凌等专项整治工作常态化，使依法治网和以德润网有机统一，网络空间日益清朗。同时，内蒙古自治区互联网信息办公室会同有关部门常态化开展网络安全监测预警通报，持续开展网络安全执法检查，及时处置网络安全事件和漏洞。组织网络安全应急演练，举行“蒙古马”杯网络安全竞赛，各行业网络安全主要管理人员和相关人员参与活动，提升应对网络安全突发事件的处置能力，全域联动、全民动员、同频共振，筑牢网络安全防线。

在线问答

在网络上散布谣言会有什么后果？

在网络上散布谣言，根据情节严重程度，可能会承担民事责任、行政违法责任和刑事责任。

1. 民事责任

如果散布谣言侵犯了民事主体的名誉权，依据《中华人民共和国民法典》的规定，要承担相应的民事责任。

《中华人民共和国民法典》第一千零二十四条规定，民事主体享有名誉权。任何组织或者个人不得以侮辱、诽谤等方式侵害他人的名誉权。名誉是对民事主体的品德、声望、才能、信用等的社会评价。

《中华人民共和国民法典》第一千零二十五条规定，行为人为公共利益实施新闻报道、舆论监督等行为，影响他人名誉的，不承担民事责任，但是有下列情形之一的除外：捏造、歪曲事实；对他人提供的严重失实内容未尽到合理核实义务；使用侮辱性言辞等贬损他人名誉。

《中华人民共和国民法典》第一千一百九十四条规定，网络用户、网络服务提供者利用网络侵害他人民事权益的，应当承担侵权责任。法律另有规定的，依照其规定。

2. 行政违法责任

如果散布谣言，谎报险情、疫情、警情或者以其他方法故意扰乱公共秩序的，或者捏造事实诽谤他人的，尚不构成犯罪的，依据《中华人民共和国治安管理处罚法》等规定给予拘留、罚款等行政处罚。

《中华人民共和国治安管理处罚法》第二十五条第

（一）项规定，散布谣言，谎报险情、疫情、警情或者以其他方法故意扰乱公共秩序的，处五日以上十日以下拘留，可以并处五百元以下罚款；情节较轻的，处五日以下拘留或者五百元以下罚款。

3. 刑事责任

如果构成犯罪，则要依据《中华人民共和国刑法》的规定，追究刑事责任。

《中华人民共和国刑法》第二百四十六条规定，以暴力或者其他方法公然侮辱他人或者捏造事实诽谤他人，情节严重的，处三年以下有期徒刑、拘役、管制或者剥夺政治权利。

《中华人民共和国刑法》第二百九十一条之一第二款规定，编造虚假的险情、疫情、灾情、警情，在信息网络或者其他媒体上传播，或者明知是上述虚假信息，故意在信息网络或者其他媒体上传播，严重扰乱社会秩序的，处三年以下有期徒刑、拘役或者管制；造成严重后果的，处三年以上七年以下有期徒刑。

（四）慈善诚信

慈善事业是人类历史发展与社会文明进步的重要标志之一。慈善诚信是指对特定人群，如家庭经济困难者、残障人士、妇女儿童、灾民等给予扶持以及对卫生、环保、教育、科学等事业给予帮扶支持的过程中，慈善组织、捐赠人和受益人等应履行诚实守信、遵纪守法、操作规范、高效有力的原则。慈善诚信是我国社会信用体系建设不可或缺的重要组成部分。慈善行为涉及受益人、慈善组织、捐赠人等多方，任何一方、任何一个环节出现失信行为，都会给慈善事业带来极大的损失。因此，慈善诚信对于慈善事业健康发展以及推进社会和谐至关重要。

为保护慈善活动参与者合法权益，规范慈善活动，促进慈善事业健康发展，弘扬慈善文化，我国首部关于慈善事业的基本法律《中华人民共和国慈善法》于 2016 年 9 月 1 日正式实施。该法第四条明确规定，开展慈善活动，应当遵循合法、自愿、诚信、非营利的原则，不得违背社会公德，不得危害国家安全、损害社会公共利益和他人合法权益。

2018年2月11日，为弘扬诚信传统美德，增强社会成员诚信意识，加强个人诚信体系建设，褒扬诚信，惩戒失信，提高全社会信用水平，营造优良的公益环境，根据《中华人民共和国慈善法》《国务院关于建立完善守信联合激励和失信联合惩戒制度加快推进社会诚信建设的指导意见》等文件精神，国家发改委、人民银行、民政部等40个部门联合签署并发布了《关于对慈善捐赠领域相关主体实施守信联合激励和失信联合惩戒的合作备忘录》。该合作备忘录的发布，标志着我国慈善领域被正式纳入以建立信用约束为核心的社会信用管理体系范畴，意义非常重大。该合作备忘录打出了慈善法治化发展的重拳，完成了慈善诚信激励、惩戒与慈善法的衔接，把行政监管升级到协同共治、社会监督的高度，为推进社会信用体系建设添加了浓墨重彩的一笔。

诚信为基，慈善事业方能行稳致远。近年来，内蒙古慈善事业稳定快速发展，累计实施慈善项目

900 多个，募集慈善款物 7.7 亿余元，为 86 万多困难群众及时送去温暖，在打赢脱贫攻坚战、全面建成小康社会、助力疫情防控、加强基层社会治理、推进共同富裕等方面发挥了重要作用。

典型案例

诚信为基，内蒙古慈善事业行稳致远

2022 年 8 月 22 日，由自治区民政厅主办的“崇德善 笃志行”首届“内蒙古慈善奖”颁奖仪式在呼和浩特市举行，表彰 2017 年至 2021 年为内蒙古自治区慈善事业发展作出突出贡献、影响广泛的单位、团队、个人和项目等，重点表彰在脱贫攻坚、乡村振兴、基层治理、新时代文明实践和新冠肺炎疫情防控中表现突出者，旨在通过表彰慈善领域的先进典型，激发人民群众参与慈善事业的热情。

文章来源：内蒙古自治区民政厅网站（有改动）

知识链接

2023年12月29日，十四届全国人大常委会第七次会议表决通过关于修改慈善法的决定。修改后的慈善法于2024年9月5日起施行。首次修改的慈善法增加了一条内容作为第一百二十四条，对个人网络众筹行为进行规范。

第一百二十四条规定，个人因疾病等原因导致家庭经济困难，向社会发布求助信息的，求助人和信息发布人应当对信息真实性负责，不得通过虚构、隐瞒事实等方式骗取救助。

从事个人求助网络服务的平台应当经国务院民政部门指定，对通过其发布的求助信息真实性进行查验，并及时、全面向社会公开相关信息。具体管理办法由国务院民政部门会同网信、工业和信息化等部门另行制定。

三、齐抓共管，奖惩得当

（一）守信联合激励

为了完善社会信用体系，创新社会治理机制，优化营商环境，规范社会主义市场经济秩序，增强全社会诚信意识，弘扬社会主义核心价值观，健全覆盖全社会的征信体系，2022年11月，《中华人民共和国社会信用体系建设法（向社会公开征求意见稿）》发布。其中，对褒扬诚信作出如下规定：“国家机关和法律、法规授权的具有管理公共事务职能的组织应当在法定权限内对信用状况良好的信用信息主体实施激励。鼓励其他组织对信用状况良好的信用信息主体实施市场性激励。”

此前，2019年，国家发改委发布了《关于对模范践行诚实守信个人实施联合激励 加快推进个人诚信体系建设的指导意见（征求意见稿）》，具体化了模范践行诚实守信个人联合激励的对象和激励措施。激励对象包括获中央和国家机关各部门，市（地、州）级以上党委、政府授予诚实守信荣誉及相关荣誉称号的个人；经社会信用体系建设部际联席会议确认的符合相关要求的社会组织、机构依据规范的个人诚信评价办法推荐的诚信状况为优秀的个人；在个人申请基础上，依规定程序由市级以上社会信用体系建设牵头单位核实的优秀信用记录保持者。激励措施包括享受免费查询个人征信报告便利，城市落户优先或加分便利，同等优先录（聘）用为公务员、事业单位工作人员优惠，就业服务便利，个人信贷业务“绿色通道”优先审批便利，评优评先优先推荐等15项内容。激励对象严格依规定程序科学认定并即时更新。

为落实国家开展诚信典型选树工作的要求，2018年10月，内蒙古自治区人民政府办公厅印发《内蒙古自治区诚信典型选树实施办法（试行）》，要求在全区范围内建立统一、权威和具有公信力的诚信典型选树工作机制。2018—2022年，自治区诚信典型选树工作作为串联社会信用体系建设各项工作的重要抓手，在弘扬社会主义核心价值观、优化营商环境、规范市场秩序、激发市场活力等方面发挥了不可替代的作用。2022年，自治区党委提出“把2400多万内蒙古人民讲诚信、守信用的形象立起来”，诚信典型选树工作的重要性更为凸显。2023年，自治区重新修订印发了《内蒙古自治区诚信典型企业选树管理办法》，优化了诚信典型企业的认定标准，细化了选树对象和激励措施，使诚信典型选树和守信激励措施的落实更具可行性和操作性。截至2023年12月，共发布诚信典型企业超过21万家。按照新修订的选树办法，面向全区各部门征集守信激励措施，形成《内蒙古自治区诚信典型选树对象目录（2023版）》和《内蒙古自治区守信激励措施清单（2023版）》，推动诚信典型选树和守信激励措施落地落实。

2024年1月31日，《内蒙古自治区社会信用条例（征求意见稿）》发布，其中明确指出："自治区人民政府建立完善守信激励和失信惩戒机制，倡导和褒扬守信行为，惩戒和约束失信行为。"自治区人民政府针对诚信行为建立完善的激励机制，并由各级单位实施分级管理。条例（征求意见稿）明确了守信激励的对象和措施，规定对经过有关部门认定的信用状况良好的行政相对人、诚实守信道德模范、优秀志愿者等信用信息主体，国家机关以及法律、法规授权的具有管理公共事务职能的组织在法定权限范围内应予以激励。

成就展示

截至 2024 年 2 月中旬，自治区诚信达标企业 213870 家，诚信示范企业 1197 家，诚信标杆企业 18 家。评选为典型的诚信企业在引领行业信用建设等方面取得了十分明显的成效，同时也因诚信经营享受到优惠的政策和便捷高效的服务。通过挖掘、宣传诚信典型，各行业、各领域将这些诚信典型作为学习榜样，自觉践行社会主义核心价值观，在全社会营造了诚实守信的浓厚氛围。

特别关注

国家、地方和各行业对褒扬诚信采取了哪些具体的措施？

1. 选树诚信典型。将信用状况良好的行政相对人、诚信道德模范、优秀青年志愿者、行业协会商会推荐的诚信会员、新闻媒体挖掘的诚信主体等树立为诚信典型。记录各类主体的信用情况，向社会推介无不良信用记录者和有关诚信典型，联合其他部门和社会组织实施守信激励。

2. 建立行政审批“绿色通道”。在办理行政许可过程中，对诚信典型和连续三年无不良信用记录的行政相对人，实施“绿色通道”和“容缺受理”等便利服务措施。例如，近年来呼和浩特市、包头市、鄂尔多斯市、乌兰察布市、锡林浩特市、呼伦贝尔市等各大盟市均在信用良好的基础上开通“绿色通道”服务，享受“绿色通道”服务的企业和个人可享受优先审批、优先办理和专人领办帮办、提供预约上门服务等便利服务。

3. 优先提供公共服务便利。在实施财政性资金项目安排、招商引资配套优惠政策等各类政府优惠政策中，优先考虑诚信市场主体，加大扶持力度。在教育、就业、创业、社会保障等领域，对诚信个人给予重点支持和优先便利。在有关公共资源交易活动中，依法依约对诚信市场主体采取信用加分等措施。例如，呼伦贝尔市作为内蒙古自治区个人诚信体系建设模范城市，利用全市信用信息共享平台——“信用呼伦贝尔”，实现互联互通和信息共享，优先提供公共服务便利，在增强公民诚信意识的同时，让守信公民得到了充分的肯定。

4. 优化诚信企业行政监管安排。市场监管部门根据监管对象的信用记录和信用评价分类，运用大数据手段，完善事中、事后监管措施，为市场主体提供便利化服务。对符合一定条件的诚信企业，在日常检查、专项检查中优化检查频次。例如，为全面贯彻党的二十大精神，呼和浩特市、锡林郭勒盟、通辽市等各大盟市均针对本区域内市场情况，大力推行监管举措，对区域内信用良好的企业，在税收服务和管理、审批服务和监管、社会保障等方面给予便利；对失信企业和个人，依据法律法规，采取必要手段进行惩戒，涉事企业及个人将被市场监管部门列入失信名单，严重影响其未来各类商业活动及社会活动的开展。

5. 降低市场交易成本。使用“税易贷”“信易贷”“信易债”等守信激励产品。市场服务机构参考使用市场主体的信用信息、信用积分和信用评价结果，对诚信市场主体给予优惠和便利，使守信者在市场中获得更多机会和实惠。例如，通辽市科尔沁区以优化财政工作流程为抓手，以手续最简、环节最少、成本最低、效率最高为目标，深入推进政府采购工作，提高采购效率，优化采购服务，切实增强了企业和群众在政府采购领域的政策感知度和服务获得感。

6. 大力推介诚信市场主体。对诚信市场主体优良信用信息，要及时在政府网站和“信用中国”网站进行公示；在会展、银企对接等活动中，要重点推介诚信企业，让信用成为市场配置资源的重要因素。引导征信机构加强对市场主体正面信息的采集，在诚信问题反映较为集中的行业领域，对守信者加大激励性评分比重。

典型案例

内蒙古 2023 年度“十大诚信人物”姜保成

姜保成，通辽市开鲁县开鲁镇东兴村村民。2011 年到 2015 年，姜保成的父亲姜玲为了治疗眼疾、肝癌和承包土地，向乡亲们借了很多钱。2015 年姜玲去世后，姜保成拿出父亲的债务本，一笔一笔地算，共计 43 笔，欠款近 90 万元，债权人达 20 多位。90 万元，对当时 28 岁的姜保成来说，无异于天文数字。平日里沉默寡言的姜保成一家一家去找这20多位债权人，以自己的名义重新写了欠条，郑重承诺：“我在，债不赖；我在，家就在。”此后8年，他与妻子张金凤辛苦劳作，踏上了漫漫还债路。

“立身处世，诚信为本”，姜保成坚守底线，替父还债的行为诠释了他对诚信的理解。他28岁接过父亲的巨额债务，36岁还清最后一笔债。8年还债路，“诚信”这两个字在他身上重如千钧。他坚守诚信，替父还债的行为，让人们感受到了“诚信”这两个字沉甸甸的分量。他也因此先后荣获“通辽好人”“内蒙古好人”等称号，并获评2023年度内蒙古自治区“十大诚信人物”。

评选“诚信人物”，一方面可以为老百姓树立诚信榜样，充分发挥榜样的力量，引导老百姓向他们学习，另一方面能够强化守信联合激励机制，提升其影响力，激励更多的人守信践诺，从而推动社会信用体系的建设。

文章来源：《内蒙古日报》2023年10月29日（有改动）

在线问答

公民如何获得良好的信用？

中国人民大学信用管理专业学科带头人吴晶妹教授认为，个人信用由诚信度、合规度以及践约度构成。其中，诚信度表现为个人的基本诚信素质，反映个人的信用价值取向；合规度表现为遵守所处环境的制度的意愿、能力与行为结果，反映个人的信用责任；践约度表现为在信用交易活动中遵守交易规则的能力，反映个人成交能力与履约能力。综合而言，规范言行、遵守契约、投身志愿服务等举措均可以有效地提升个人信用。

例如，可以通过参加青年志愿服务的方式积累信用积分。2016 年，中宣部等部门印发《关于支持和发展志愿服务组织的意见》。到 2020 年，我国基本建成与经济社会发展相适应，充满活力的志愿服务组织体系和青年信用体系。青年志愿者在释放正能量，营造诚实守信氛围的同时，能为自身发展“积分”。奉献社会、服务社会，最终也将受益于社会。

又如，可以通过积累芝麻信用分，实现信用积累。芝麻信用是蚂蚁金服旗下独立的第三方征信机构，可以通过云计算、机器学习等技术客观呈现个人的信用状况，已经在信用卡、消费金融、融资租赁、酒店、租房、出行、婚恋、分类信息、学生服务、公共事业服务等上百个场景为用户提供信用服务。芝麻信用分最高为 950 分，最低为 350 分，分数越高代表信用程度等级越高，违约可能性越低，所获得的激励也就越多。提高信用分的办法林林总总，但归根结底还是要守信。比如，使用信用卡或白条网上购物要按时还款，网购要主动确认收货而非等待系统自动扣款，使用打车软件要做到按时乘车等。

芝麻信用以芝麻分来直观呈现信用水平。查询芝麻分，用户只需在手机上安装支付宝 App，点击芝麻信用选项即可。

（二）失信联合惩戒

习近平总书记指出："法律是成文的道德，道德是内心的法律，法律和道德都具有规范社会行为、维护社会秩序的作用。"诚信原则不但是对个人道德的要求，也是法律原则。法律和道德共同对诚信进行整体上的规制，其中最低层次是刑事法律层面加以规制的底线诚信，其次是民事法律层面加以规制的基本诚信。

国务院印发的《社会信用体系建设规划纲要（2014—2020年）》提出了四个方面的约束和惩戒措施：一是行政监管性约束和惩戒。在现有行政处罚措施的基础上，健全失信惩戒制度，建立各行业黑名单制度和市场退出机制。推动各级人民政府在市场监管和公共服务的市场准入、资质认定、行政审批、政策扶持等方面实施信用分类监管，结合监管对象的失信类别和程度，使失信者受到惩戒。逐步建立行政许可申请人信用承诺制度，并开展申请人信用审查，确保申请人在政府推荐的征信机构中有信用记录，配合征信机构开展信用信息采集工作。严重违法失信的人员在注册公司、申请政府的补助资金时，会面临非常严格的审核和限制。二是市场性约束和惩戒。通过失信信息公开曝光和信用服务机构的作用，使失信者减少交易机会，提高交易成本，客观上达到惩戒失信的效果。三是行业性约束和惩戒。行业协会要制定行业自律规则，并监督会员遵守。对违规的失信者，按照情节轻重，对机构会员和个人会员实行警告、行业内通报批评、公开谴责等惩戒措施。四是社会性约束和惩戒。完善社会舆论监督机制，加强对失信行为的披露和曝光，发挥群众评议讨论、批评报道等作用，通过社会的道德谴责，形成社会震慑力，约束社会成员的失信行为。

《内蒙古自治区社会信用条例（征求意见稿）》提出要建立失信惩戒机制，并对失信行为的认定、失信惩戒措施、失信惩戒原则以及列入严重失信主体名单的行为作出明确规定。自治区人民政府社会信用主管部门会同有关部门，依照法律、行政法规和国家有关规定，编制、更新自治区失信惩戒措施补充清单。补充清单明确了惩戒措施具体事项、实施依据、实施对象、实施方式、实施主体、实施期限等内容。条例（征求意见稿）的颁布对规范市场秩序、提升社会诚信水平、保护消费者权益、促进社会健康发展、提高政府治理效率以及减少违法犯罪行为等起到了重要的指导作用。

知识链接

失信行为知多少？

1. 恶意逃废债务

逃废债务是一种民事违约行为，但不是所有的欠债不还都是逃废债务。逃废债务有两种表现形式：一种是积极地逃避履行债务，另一种是消极地不作为。我们通常把前一种称为“恶意逃废债务”，强调债务人具有主观故意。确切地说，公民有履行能力而不尽力履行债务的行为就是逃废债务。

《中华人民共和国民事诉讼法》第二百三十六条规定，发生法律效力的民事判决、裁定，当事人必须履行。一方拒绝履行的，对方当事人可以向人民法院申请执行，也可以由审判员移送执行员执行。调解书和其他应当由人民法院执行的法律文书，当事人必须履行。一方拒绝履行的，对方当事人可以向人民法院申请执行。

2. 非法集资

非法集资是指未经有关部门依法批准，违规向社会筹集资金。非法集资主要有以下几种表现形式：

（1）通过发行有价证券、会员卡或债务凭证来吸收资金；

（2）将物业、房地产等资产等份分割，通过出售其份额的处置权进行高息集资；

（3）以民间会社的形式非法集资；

（4）以签订商品经销等经济合同的形式非法集资；

（5）以发行或变相发行彩票的形式非法集资；

（6）以传销或秘密串联的形式非法集资；

（7）以果园或庄园开发的形式非法集资；

（8）利用现代电子网络技术构建的虚拟产品，如电子商店、电子百货投资委托经营、到期回购等方式进行非法集资；

（9）以互联网设立投资基金的形式非法集资；

（10）以电子黄金投资的形式非法集资。

《最高人民法院关于审理非法集资刑事案件具体应用法律若干问题的解释》第一条规定，违反国家金融管理法律规定，向社会公众（包括单位和个人）吸收资金的行为，同时具备下列四个条件的，除刑法另有规定的以外，应当认定为刑法第一百七十六条规定的“非法吸收公众存款或者变相吸收公众存款”：①未经有关部门依法批准或者借用合法经营的形式吸收资金；②通过媒体、推介会、传单、手机短信等途径向社会公开宣传；③承诺在一定期限内以货币、实物、股权等方式还本付息或者给付回报；④向社会公众即社会不特定对象吸收资金。

3. 电信诈骗

电信诈骗即通过电信网络、电话、短信等方式，虚构事实、隐瞒真相，以非法占有为目的，诱骗、胁迫他人付款或者提供财物的违法犯罪行为。电信诈骗一般有两种情况：一种是以盗窃他人通信线路或者复制他人电话号码骗取他人钱财；另一种是使用自己的通信设备或号码直接拨号或伪装拨号，以诈骗方式骗取他人钱财。

对于电信诈骗罪，《中华人民共和国刑法》第二百六十五条规定，以牟利为目的，盗接他人通信线路、复制他人电信码号或者明知是盗接、复制的电信设备、设施而使用的，依照本法第二百六十四条的规定定罪处罚。

第二百六十六条规定，诈骗公私财物，数额较大的，处三年以下有期徒刑、拘役或者管制，并处或者单处罚金；数额巨大或者有其他严重情节的，处三年以上十年以下有期徒刑，并处罚金；数额特别巨大或者有其他特别严重情节的，处十年以上有期徒刑或者无期徒刑，并处罚金或者没收财产。

根据不同的情节，电信诈骗犯罪可能被认定为电信诈骗罪、诈骗罪、敲诈勒索罪、非法拘禁罪等多项罪名，并可能会被判处不同的刑罚。

4. 网络欺诈

网络欺诈是指以非法占有为目的，利用互联网，采用虚构事实或者隐瞒真相的方法，骗取数额较大的公私财物的行为。主要欺骗手段有：

（1）黑客通过网络病毒方式盗取他人虚拟财产。一般不需要经过被盗人，在后台进行，速度快，而且可以跨地区传染，侦破难度大。

（2）网友欺骗。一般指的是通过网上交友方式，在取得被盗者信任后，假借“了解投资平台，稳赚不赔”等名义，诱骗受害人参与炒股、博彩等虚假投资活动，骗取其财物的行为。

（3）网络“庞氏骗局”。一般指通过互联网虚假宣传快速发财致富，组织没有互联网工作经验人员用刷网络广告等手段，收取会费进行诈骗。

5. 交通违法

交通违法指交通参与者（含机动车、非机动车驾驶人和行人）违反交通安全法律法规以及根据交通安全法律法规制定的部门规章的行为。对交通违法行为的处理措施，有警告、罚款、记分、拘留和追究刑事责任等几种。不同的违法事实会采用不同的处罚措施。严重的交通失信行为甚至会影响找工作、买房、出行等。

6. 未诚信纳税

依法纳税是每位公民应尽的义务，要自觉依法诚信纳税。同时，要增强公民对国家公职人员及公共权力的监督意识，以主人翁的态度积极关注国家对税收的征管和使用，对贪污和浪费国家资财的行为进行批评和检举，以维护人民和国家的利益。

经验分享

惩戒违规企业，促进企业诚信自律、守法经营

自2021年9月1日施行《市场监督管理严重违法失

信名单管理办法》以来，呼和浩特市市场监管局严格按照法律法规要求，针对违规企业开展惩戒。在调查、审核违规案件并作出决定这一过程中，呼和浩特市市场监管局各部门主动协作、共同研究，协同推进案件办理，将相关责任人列入严重违法失信名单，做到“利剑高悬”，促使市场主体知敬畏、存戒惧、守规矩，起到了强大的震慑和警示作用，有力推进了全区的严重违法失信名单管理工作。列入严重违法失信名单并非是让企业无路可走，而是在一定程度上抑制企业“野蛮生长”。为鼓励违法失信当事人主动纠错、重塑信用，激发市场主体活力，《市场监督管理严重违法失信名单管理办法》第十六条、第十七条等明确了申请提前移出严重违法失信名单（信用修复）的条件和程序。既对当事人进行有效惩戒，又给予当事人改正行为、重塑信用的机会。当事人被列入严重违法失信名单满一年后，已经自觉履行行政处罚决定中规定的义务、已经主动消除危害后果和不良影响、未再受到市场监管部门较重行政处罚的，可以向作出列入决定的市场监管部门申请提前移出。

近年来，呼和浩特市市场监管局通过建立健全信用承诺制度、建立并完善市场主体信用记录、积极构建市场主体信用评价体系、开展失信惩戒和信用主体权益保护等工作，在提升市场监管效能的同时，维护了公平竞争的市场秩序，进一步促进首府经济高质量发展。

在线问答

1 交通违法对个人诚信有哪些影响？

根据公安部、发改委等多部门要求，13类严重交通违法行为正式作为失信行为被纳入个人不良征信记录，实行多部门联合惩戒。交通、教育、工商、民航、铁路、保监、银行等有关部门在职业准入、个人信贷、交通出行、车辆保险、评先评优等日常监督管理工作中，使用信用报告，依法主动查询信用记录，对机动车驾驶人、所有人及管理人实施联合惩戒。例如，公路客运、旅游客运、校车服务、公路货运及危险化学品运输、工程运输、出租车营运等相关单位在招聘营运驾驶人时，将交通信用与职业准入等挂钩，优先录取交通信用良好的人，对有较重或严重交通安全失信的人，不予聘用。

2 “未按规定办理个税”的具体情形有哪些？

2019 年新个人所得税法施行后，纳税人需办理年度汇算，但未按规定办理个税汇算的情况仍时有发生，具体情形如下：通过网络购物平台购买所谓的个税年度汇算退税申请服务，并应用平台店家提供的虚假 App 查询结果作为证据材料申请退税；误信网上虚假退税“秘笈”，错误填报专项附加扣除；伪造证据填报专项附加扣除，骗取国家税款；虚报免税收入，试图申请退税。此外，有的单位还冒用纳税人身份信息办理个税扣缴申报等。这些行为都违反了依法诚信纳税的原则。

3 诚信纳税的守信激励和失信惩戒分别有什么？

守信激励：要给依法诚信纳税的企业和个人提供更多的便利和机会，比如开通“绿色通道”、表彰、容缺受理、颁发证书等。

失信惩戒：对于严重失信人员，要实施联合惩戒，比如不能乘坐火车、飞机等，不能享受个税优惠政策，不能享受医保待遇，不能贷款等。要实现全国信息联网，如果不依法诚信纳税，会对个人职业发展产生很大的影响。

因此，每个公民都要树立依法诚信纳税的意识，不贪图小便宜，要禁得起诱惑。个人的信用，不仅会影响自身，还有可能间接影响家人。

4 严重失信行为包括哪些？

一是严重危害人民群众身体健康和生命安全的行为，包括食品药品、生态环境、工程质量、安全生产、消防安全、强制性产品认证等领域的严重失信行为。二是严重破坏市场公平竞争秩序和社会正常秩序的行为，包括贿赂、逃税骗税、恶意逃废债务、恶意拖欠货款或服务费、恶意欠薪、非法集资、合同欺诈、传销、无证照经营、制售假冒伪劣产品和故意侵犯知识产权、出借和借用资质投标、围标串标、虚假广告、侵害消费者或证券期货投资者合法权益、严重破坏网络空间传播秩序、聚众扰乱社会秩序等严重失信行为。三是拒不履行法定义务，严重影响司法机关、行政机关公信力的行为，包括当事人在司法机关、行政机关作出判决或决定后，有履行能力但拒不履行、逃避执行等严重失信行为。四是拒不履行国防义务，拒绝、逃避兵役，拒绝、拖延民用资源征用或者阻碍对被征用的民用资源进行改造，危害国防利益，破坏国防设施等行为。

5 对严重失信行为进行联合惩戒的措施有哪些？

将严重失信行为主体列为重点监管对象，在有关部门和社会组织依法依规对本领域失信行为作出处理和评价的基础上，通过信息共享，推动其他部门和社会组织依法依规对严重失信行为采取行政性、市场性、行业性、社会性联合惩戒措施，重在约束，重在限制，重在提高失信成本，使其一处失信，处处受限。

四、场景创新，遍地开花

（一）“信用+”助力行政审批

2021年，国务院办公厅发布的《关于加快推进社会信用体系建设构建以信用为基础的新型监管机制的指导意见》指出，为加快“放管服”改革，应积极拓展信用报告应用渠道，鼓励在政府采购、招标投标、行政审批、市场准入、资质审核等事项中，充分发挥公共信用服务机构和第三方信用服务机构出具的信用报告的作用。

2023年，内蒙古自治区发布《关于构建诚信建设长效机制全面推进社会信用体系建设高质量发展的实施意见》，指出构建诚信建设长效机制，全面推进社会信用体系建设高质量发展，建立健全以信用为基础的新型监管机制，是推动政府职能转变、深化“放管服”改革的重大制度创新，对于促进我区经济社会高质量发展、融入和服务新发展格局具有十分重要的现实意义。

“信用+”行政审批是借助信用评分和评级产品，拓宽信用应用场景，辅助政务处理，从而提高审批效率、优化营商环境的一种新型审批模式，同时有助于推动政府职能转变，助力实现“放管服”改革目标。目前，自治区各盟市大力推进“信用+”行政审批场景建设。“信用+”行政审批将“信用+”场景拓展到行政审批事务处理领域，从而提升政府公信力、降低行政审批风险，为经济社会发展提供有力保障，对于国家实施统筹管理和公民履行义务起到了极大的促进作用。

典型案例

包头市设立“优质诚信企业审批绿色通道”窗口

按照包头市信用办《关于开展“信用+”守信激励工作的通知》的要求，包头市政务服务大厅全面推进“包你满意”政务服务信用体系建设，将“优质诚信企业审批绿色通道”窗口设在市政务中心帮办代办区域，配备1至2名政治素质强、业务水平高、服务质量优的工作人员作为服务专员，为诚信企业提供“一对一”VIP服务。

该服务主要通过“信用+”场景扩充，将守信激励场景拓展到行政审批领域，在“信易批”场景下，为具有良好诚信的企业办理各类政务服务事项提供便利。同时，

按照“信易批”有关规定，提供容缺受理、告知承诺

审批服务，让具有良好诚信的企业优先办理业务，缩短业务办理时间，享受更便捷的审批服务，实现“信用越好、审批越容易”，为推动经济社会高质量发展提供坚实的信用支撑。

文章来源：内蒙古自治区人民政府网站（有改动）

在线问答

推进“信用 +”行政审批的举措有哪些？

国家鼓励探索建立行政审批“绿色通道”。对符合条件的行政相对人，除法律法规要求提供的材料外，部分申报材料不齐备的，如其书面承诺在规定期限内提供，应先行受理，加快办理进度。为响应国家号召，国内不少地方政府结合当地实际情况，大力推进“信用 +”行政审批场景应用，力求通过“信用 +”提升行政审批效率，高效开展行政审批工作。

一是建立完善的信用评价体系。政府可以通过拓展“信用 +”应用场景，进而建立一套完善的信用评价体系，对企业和个人的信用进行客观、公正的评价。这个体系可以包括企业的财务状况、经营表现、社会责任等方面的信息以及个人的职业经历、社会行为等方面的信息。

二是推行信用承诺制度。可以在行政审批中推行信用承诺制度，要求企业和个人在提交申请材料时，提供由自己签署的信用承诺书。承诺书中要载明审批事项、承诺内容、信用条款等，并由申请人签字盖章。这种方式可以减少审批部门审查申请材料的时间，提高审批效率。

三是实行分级分类管理。可以根据企业和个人的信用状况，对审批事项实行分级分类管理。对于信用状况良好的企业和个人，可加大守信激励的力度，采取简化审批、优先办理等措施，提高审批效率；对于信用状况较差的企业和个人，可以加大审核力度，甚至实行一票否决。

四是加强监管和惩戒。为了保障“信用 +”在行政审批中有效实施，政府需要加大对企业和个人的监管力度，对违反信用的行为及时进行惩戒。同时，可以建立信用修复机制，给失信者改过自新的机会。

五是优化服务流程。政府可以通过优化服务流程，提高行政审批效率。例如，可以实行“一窗受理、一网通办”等措施，减少企业和个人在审批过程中花费的时间，降低成本。

积极推进“信用+”行政审批应用场景建设可以加快“放管服”改革目标实现的步伐，并为构建社会信用体系提供强有力的支撑。

（二）“信用+”助力公共服务

“信用+”助力公共服务是指将信用与公共服务相结合，充分发挥信用的优势和作用，通过信息共享、流程简化、个性化服务、信用激励和监管等方式，优化公共服务流程，提升服务效率和质量，推动公共服务创新发展，最终实现社会整体运行效率的提升。它是利用信用理念和信用手段推动公共服务提质增效的一种创新方式。这种方式主要依赖信用体系的建设和信用信息的应用，以实现对公共服务资源的优化配置和高效利用，从而提升公共服务的质量和效率。“信用+”应用到公共服务领域不仅可以推动公共服务领域的诚信建设，还可以为市场经营主体提供便捷高效的公共服务，助力经济社会发展。

在线问答

“信用 +”公共服务场景的作用是什么？

“信用 +”公共服务场景的作用主要有以下几方面：

一是提升公共服务效率和质量。引入信用机制可以优化公共资源配置，提高公共服务供给的精准性和有效性。例如，在公共资源交易领域，通过信用评价和信息共享，可以简化交易流程，降低交易成本，提升交易效率。

二是营造公平诚信的市场环境。信用体系的建立有助于规范市场主体的行为，减少欺诈、违约等不诚信行为的发生。这有助于维护市场秩序，保障公平竞争，营造诚信守法的市场环境。

三是推进社会信用体系建设。公共服务机构是社会信用体系建设的重要力量。推动“信用 +”公共服务的交易应用场景建设可以完善社会信用体系，提升全社会的信用水平。

四是增强政府治理能力。政府是公共服务的提供者和监管者。引入信用机制可以强化政

府对公共服务领域的监管，提高政府治理效率。

五是推动经济社会发展。诚信是市场经济的基石。推动“信用+”公共服务的交易应用场景建设可以优化经济发展环境，促进经济社会持续健康发展。

“信用+”助力公共服务可以通过以下几个方面来实现：

一是拓宽信用承诺范围，规范信用承诺格式。在公共服务领域，可以引入信用承诺制度，让申请人在申请公共服务时以信用承诺代替部分证明材料，从而简化办事流程，提高服务效率。同时，要规范信用承诺格式，确保承诺内容的真实性和有效性。

二是采用多样化承诺核查手段，主动作为，减轻群众证明负担，提高服务满意度。在公共服务过程中，可以充分利用信用信息共享平台，通过在线核对、函件、邮件、传真等方式对申请人的信用承诺进行核查，确保承诺是真实有效的。

三是针对申请人的信用承诺，要建立结果运用机制，明确虚假承诺的责任和后果。这样可以增强申请人的诚信意识，推进公共服务领域的诚信建设。

典型案例

呼和浩特：厚植信用“软实力”，提供发展“硬支撑”

2023年以来，内蒙古自治区呼和浩特市聚焦优化营商环境和扩大内需战略，扎实推进以信用惠民为理念、以平台建设为基础、以数据征集为抓手、以联合奖惩为核心、以信用监管为重点的“五位一体”建设，形成全市信用高质量发展新格局。

围绕“五位一体”建设方针，呼和浩特市构建了“1234”社会信用体系；围绕立信、管信、用信环节，出台了《推进社会信用体系建设高质量发展促进形成新发展格局的实施方案》《公共信用信息目录》等文件；按照“两网、三库、一平台、N应用”的建设思路，建成上下贯通、横向联通、全面覆盖的社会信用信息平台，全量归集市场主体信用基础信息，实现了数据处理的流程化、业务流程的规范化，信用信息共享的便捷性进一步增强。

呼和浩特市围绕诚信建设工程开展的一系列工作有效推进了部门、行业、区域的联动，形成数据汇集、惠民便企、社会共建的信用建设格局，充分体现了公共服务领域的诚信精神，实现了以公众利益为导向，以优质服务为基础，以公开透明为手段，以责任担当为保障的社会治理目标。

文章来源：信用中国网站（有改动）

（三）“信用+”助力乡村振兴

实施乡村振兴战略是解决人民日益增长的美好生活需要和不平衡不充分的发展之间的矛盾的必然要求，是实现“两个一百年”奋斗目标的必然要求，也是实现全体人民共同富裕的必然要求。

近年来，内蒙古积极探索，不断发挥“信用+”在助力乡村振兴方面的重要作用，通过开展信用创建、创新信用产品和服务等方式，有效破解农村融资难、融资贵问题，促进乡村产业发展、农民增收致富。同时，还通过增强农民的诚信意识，提升农民的信用水平，优化乡村治理和营商环境，推动乡村振兴战略的实施。例如，通辽市在人民银行通辽市中心支行的大力支持下，创新“农业大数据+互联网金融”支农模式，推出更多低利率、可持续、普惠性涉农线上金融产品，通过“信用+”，持续开展金融服务乡村振兴“一县一业、一村一品”专项行动，以信用体系助力乡村振兴。锡林郭勒盟将纳税信用转为融资信用，积极联系当地农业银行、建设银行、工商银行，进一步优化“银税互动”工作机制，加强合作，通过“银税互动”平台，向银行推送企业纳税信用评级A级名单及相关涉税数据，有效开启“银税合作”模式，为援企稳岗和企业复工复产提供信贷支持。

锡林郭勒盟农村信用社工作人员在党员中心户为牧民讲解理财知识

《内蒙古自治区“十四五”社会信用体系建设

规划》明确提出要大力推进“信用户”“信用村”“信用乡镇（苏木）”创建工作，围绕乡村振兴要求，建设农村牧区信用体系，优化全区中小微企业和农村信用信息系统，完善信用档案，在农村牧区营造良好的信用环境。

典型案例

乌兰察布：利用“信用+”激活乡村振兴“一池水”

为深入贯彻落实乡村振兴战略，推动中央一号文件精神有效落地，乌兰察布银保监分局督导辖区内农村中小金融机构充分发挥支农支小主力军作用，聚焦小微企业、“三农”、脱贫人口等重点对象，围绕健全制度机制、创新产品服务、落实减费让利、推进数字金融、延伸服务触角“五个重点”持续发力，金融服务乡村振兴取得较好成效。

乌兰察布各级机构聚焦县域优势特色产业，先后推出“乡村党员先锋贷”“创业贷”“菜农贷”“电商农资购销贷”等信贷产品，

有效满足不同农牧业生产经营主体信贷需求；积极探索大型农机具等动产担保、商标专用权质押以及活体牲畜抵押贷款业务，探索多元化的农村资产抵质押融资模式；充分发挥农村“熟人社会”优势，推广整村授信、集体守信、个人用信模式，大力推广大井村“党建 + 金融”融合发展的村级样板；不断强化与各部门信息共享沟通，有效整合涉农主体的信用信息，提高客户识别和信贷投放能力。

乌兰察布通过以农户信用做背书，将“信用 +”与乡村振兴场景相结合，进一步推动信用体系建设，更好助力乡村振兴战略在农村大地“开花结果”。

文章来源：内蒙古自治区人民政府网站（有改动）

知识链接

“信用 +”乡村振兴的主要内容

一是建立个人信用体系。通过采集个人信息、开展信用评分等方式，建立完善的个人信用体系，为后续的金融服务提供基础。

二是提供信用贷款支持。根据个人的信用状况和贷款需求，有针对性地提供不同额度和期限的信贷支持，以满足农民在生产生活中的资金需求。

三是大力支持农业发展。为农业生产提供信贷支持和保险保障，促进农业现代化和规模化经营，从而全面推进乡村振兴。

四是有效推动乡村旅游发展。根据个人的信用状况，为乡村旅游项目提供融资支持，推动乡村旅游发展，拓宽农民增收渠道。

五是加强金融知识宣传教育。通过开展金融知识宣传教育和培训活动，增强农民的金融意识和风险意识，防范金融诈骗等违法行为，加快社会诚信建设。

延伸阅读

《中共中央 国务院关于学习运用“千村示范、万村整治”工程经验有力有效推进乡村全面振兴的意见》。

第三章
社会诚信建设举措

习语金句

要运用法治手段解决道德领域突出问题。法律是底线的道德，也是道德的保障。要加强相关立法工作，明确对失德行为的惩戒措施。要依法加强对群众反映强烈的失德行为的整治。对突出的诚信缺失问题，既要抓紧建立覆盖全社会的征信系统，又要完善守法诚信褒奖机制和违法失信惩戒机制，使人不敢失信、不能失信。对见利忘义、制假售假的违法行为，要加大执法力度，让败德违法者受到惩治、付出代价。

——习近平 2016 年 12 月 9 日在中共中央政治局第三十七次集体学习时的讲话

要深入推进公民道德建设、志愿服务建设、诚信社会建设、网络文明建设，不断提高人民道德水准和文明素养。

——习近平 2020 年 9 月 22 日在教育文化卫生体育领域专家代表座谈会上的讲话

引经据典

若有人兮天一方，忠为衣兮信为裳。

——《中和乐九章》

国无常强，无常弱。奉法者强，则国强；奉法者弱，则国弱。……故有荆庄、齐桓公，则荆、齐可以霸；有燕襄、魏安釐，则燕、魏可以强。今皆亡国者，其群臣官吏皆务所以乱而不务所以治也。其国乱弱矣，又皆释国法而私其外，则是负薪而救火也，乱弱甚矣！

——《韩非子》

一、党建引领，形成合力

中国社会信用体系建设模式是党委领导、政府主导、部门配合、社会参与的综合治理体系。各级党委组织领导、统筹协调，政府部门发挥管理、引领和提供基础信用信息服务作用，公共征信机构和社会化征信机构提供微观信用服务，共同致力于系统性风险防范及治理。

党和国家通过出台一系列政策文件推动社会诚信建设的制度化发展，让人们对失信行为的惩戒和守信行为的激励有了心理预期和制度依据，并将法治观念融入诚信社会建设，形成了较好的诚信社会建设制度环境，实现了人们从“知”到“行”的转变，逐步完善以制度为保障的诚信建设外部约束机制。

自治区社会信用体系建设工作应坚持以习近平新时代中国特色社会主义思想为指导，以铸牢中华民族共同体意识为主线，遵循政府推动、社会共建、信息共享、依法依规、保护权益、奖惩结合的原则，健全完善有利于促进人人、事事、时时、处处诚实守信的激励和约束机制，全方位全覆盖抓诚信建设。

（一）加强党员干部队伍建设，营造良好信用环境

习近平总书记曾在辽宁考察时指出：“领导干部要把深入改进作风与加强党性修养结合起来，自觉讲诚信、懂规矩、守纪律，襟怀坦白、言行一致，

心存敬畏、手握戒尺，对党忠诚老实，对群众忠诚老实，做到台上台下一种表现，任何时候、任何情况下都不越界、越轨。”社会诚信风气是党组织诚信风气形成的重要外部推动力量。在深度市场化、社会信息化的时代环境下，党员干部和党组织的诚信建设不是一蹴而就的，需要从党与社会互动的视角大胆探索并不断完善党员干部队伍和地方党组织诚信建设，将诚信文化贯穿于党的建设的诸方面和全过程。加强党员干部队伍和党组织诚信建设，要将诚信建设融入党的思想、政治、组织、作风等基本建设之中，坚持教育为基础、监督为保障、制度为关键的基本思路，探索形成行之有效的实践路径。

中国特色社会主义进入新时代，中国共产党从宏观角度进行顶层设计，为诚信建设提供强有力的支撑。党的十八大报告多次提到“诚信”，明确要求党员干部做社会主义道德的示范者和诚信风尚的引领者。党的十九大、二十大报告进一步对诚信建设作出新的部署。广大党员干部在与人民群众和社会的互动过程中，要自觉践行诚信，在新时代社会诚信建设中发挥表率作用，体现责任担当。

新时代党代会报告中“诚信”相关词汇出现频率统计

党代会报告	真诚	求真务实	实事求是	信任	互信	信用	诚信	公信力
十八大报告	1	2	1	2	4		6	2
十九大报告		1	2			1	1	2
二十大报告	1	1	1			1	2	1

加强社会诚信建设，培育社会诚信风气，其实质就是为加强党员干部队伍和各级党组织的诚信建设营造良好的外部环境，从而进一步推动党和人民事业的健康发展。“村看村户看户，群众看干部”，党的领导干部是党的中坚力量，掌握着方方面面的权力，肩负着党和人民赋予的历史使命和重托，是党的路线、方针、政策的制定者和执行者，是各项工作的领导者和组织者。干部队伍的诚信道德修养是党组织向心力、凝聚力、战斗力生成的关键所在。

加强党员干部队伍建设有利于更好地营造诚实守信的社会环境，为社会和谐稳定发展与文明进步打下坚实的基础。

（二）坚持以人民为中心，不断增强政治诚信

党的根基在人民，对人民讲诚信，取信于民是我们党尊重历史规律的重要体现。人民观是习近平新时代中国特色社会主义思想的重要理论主张和重要组成部分。党的十八大以来，党中央坚决做诚信风尚的引领者，人民群众积极拥护党的方针政策，中

国共产党的公信力进一步提升。

党在培育和践行社会主义诚信价值观的过程中发挥着主导作用，要立足于人民群众的长远利益，解决人民群众的实际问题，这样才能赢得人民群众的信赖和支持，从而提升国家的政治公信力，推动整个社会的诚信建设。一是要坚持把诚信的原则贯穿到执政为民的全过程。虚心向人民群众学习，真心对人民群众负责，热心为人民群众服务，诚心接受人民群众监督。二是要完善党的诚信制度体系，使诚信建设更加规范，增强制度的权威性和约束力，久久为功，常抓不懈。

（三）重视媒体引导，营造诚信文化氛围

全媒体时代，要进一步夯实社会诚信基石，营造诚信文化氛围，动员广大人民群众参与到弘扬诚信文化、建设诚信社会中来，推进新时代诚信文化建设。如今，随着科技进步，新媒体形式日益多元化，广播电视、网络媒体会实时播报诚实守信的典型事例，表彰来自各行各业的诚实守信模范。大力宣传“感

动中国人物”和“道德模范”“最美好人”“诚信之星”等先进典型，可以让这些诚实守信模范引起广泛的关注，形成强烈的引导力。党报党刊也需要逐渐增加诚信话题的刊载版面，潜移默化地引导人民诚实守信。要在主流网站、应用程序、云平台上登载与诚信有关的人物故事、典型做法、经验分享等内容，给党员干部提供多个研习诚信建设的渠道，培养党员干部的诚信意识。

第七届全区道德模范暨新时代好少年颁奖典礼

二、政府推动，社会共建

政府要充分发挥在社会诚信建设中的组织、引导、推动和示范作用，规范征信市场发展，鼓励调动社会力量广泛参与诚信建设，形成社会诚信建设合力。政府要健全法制、规范发展、推动信用监督管理方式创新、提升社会治理水平，不断健全个人信息法律法规，严格保护个人隐私和信息安全。同时，为深入推进社会信用体系建设，各级政府要发挥好统筹协调、示范引领、监督管理等作用。

（一）健全信用管理机制

政府应加快健全以信用为基础的新型监管机制，聚焦群众反映强烈的重点领域，关注诚信缺失问题。鼓励政府组织开展示范创建活动，及时总结、提炼并推广社会信用体系建设中的先进经验和做法。同时，要提升监管精准度和有效性，推动人工智能、大数据、区块链等技术更好融入诚信体系建设，助力实现精准监督、全程监管。

（二）营造诚信消费环境

政府要运用信用手段释放消费潜力，推动在医疗、养老、家政、旅游、购物、文化、餐饮、租赁等领域实施“信用 +”工程，鼓励对守信主体实施激励措施。加大消费者权益保护力度，加强对体育健身、文化娱乐、美容美发、商品零售、教育培训、托育养老等行业预付费消费的监管，对制假售假、违法广告、虚假宣传、价格欺诈等侵害消费者权益的违法行为依法实施失信联合惩戒。

（三）加强政务诚信建设

完善政府诚信履约机制，建立健全政务失信记录和惩戒制度，将机关事业单位的违约毁约、拖欠账款、拒不履行司法裁判等失信信息依法依规纳入公共信用信息平台。

（四）加强各类主体信用建设

建立完善参与市场活动的企业、个体工商户、社会组织、机关事业单位以及自然人等各类主体的信用档案，完善信用信息记录和共享体系。在保护个人隐私和信息安全的前提下，以食品药品、工程建设、安全生产、产品质量、医疗卫生、金融服务等领域为重点，建立完善各行业个人诚信记录。

（五）加强信用基础设施建设

统筹建设一体化公共信用信息平台，推动中小企业融资综合信用服务平台建设工作。深化“信用中国”征信平台建设，推进与“信用+”平台管理系统互联共享。建成覆盖区内全部信用主体、所有信用信息类别、所有区域的信用信息网络，建立标准统一、权威准确的信用档案，定期更新公共信用信息目录。依托数据资源共享平台，加快推进重点诚信领域信用信息共享。

（六）加强第三方大数据监测评价

鼓励信用评价机构定期发布信用状况评估结果，监测失信行为信息。加强对“12345”政务服务便民热线、“12315”消费者投诉举报专线和全国全区互联网平台失信信息的整合、共享、推送。

通过建立完整的个人信用记录数据库及联合惩

戒机制，推动联合惩戒措施落实到人。对企事业单位严重失信行为，在记入企事业单位信用记录的同时，记入其法定代表人、主要负责人和其他负有直接责任人员的个人信用记录。在对失信企事业单位进行联合惩戒的同时，依照法律法规和政策规定对相关责任人员采取相应的联合惩戒措施。

（七）推进重点人群诚信建设

要完善个人实名登记制度，加强重点领域个人信用记录，引导社会成员树立守信意识，关注自身信用状况，维护自身良好信用。其中，对重点人群，如律师、医务人员、教师、科研人员、导游、会计从业人员、统计从业人员、注册税务师、审计师、认证和检测从业人员、证券期货从业人员、新闻媒体从业人员等，要建立并完善信用记录，推广使用职业信用报告，开展职业道德建设。

严格按照相关法律法规，加大对金融信用信息基础数据库、征信机构的监管力度，确保个人征信业务合规开展，保障信息主体合法权益，确保国家信息安全。建立征信机构及相关人员信用档案和违规经营“黑名单”制度。

（八）完善隐私保护与信用修复机制

建立健全个人信用信息安全管理机制和应急处理机制，明确查询使用权限和程序，采取安全可控的技术防范措施，加强隐私保护，未经法律法规授权，不得采集个人公共信用信息。加大对泄露、篡改、毁损、出售或者非法向他人提供个人信息等行为的查处力度。规范相关领域个人信息采集、提供和使用行为。

不断完善现有信用修复机制，建立健全个人公共信用信息纠错、修复机制，制定异议处理、行政复议等管理制度及操作细则。畅通信用修复渠道，丰富信用修复方式，鼓励通过按时履约、志愿服务、慈善捐助等方式修复信用。

三、主动作为，多向发力

千百年来，一诺千金的佳话不绝于史，一言九鼎的故事广为流传。百年大计，教育为本，以“诚”筑“教”，无往不利。诚信是社会主义精神文明建设的道德源泉，是我国当代道德体系的基础和根本价值取向，更是社会主义核心价值观个人层面的重要组成部分。推进诚信教育和诚信文化建设要依托“自治区信用宣传月活动”“3·15国际消费者权益日”“6·14信用记录关爱日”等重要时间节点，开展个人品德、家庭美德、职业道德、社会公德等方面的教育，全方位、多维度地加强诚信教育，树立诚信典范，弘扬诚信文化。

内蒙古自治区召开2023年信用宣传月活动主题新闻发布会

（一）加强建设，引领诚信新风尚

习近平总书记指出："在新的历史条件下，我们要把依法治国基本方略、依法执政基本方式落实好，把法治中国建设好，必须坚持依法治国和以德治国相结合，使法治和德治在国家治理中相互补充、相互促进、相得益彰，推进国家治理体系和治理能力现代化。"建设诚信文化，促进文化与法律法规相结合是社会诚信建设的重要环节。

1. 重视诚信文化建设

在社会诚信建设中，诚信法律法规是硬件，诚信文化则是软件。诚信法律法规的颁布有利于诚信文化的长期建设，诚信文化则保障诚信法律法规的顺利实施。二者相互作用，缺一不可。过去一段时间，人们总认为社会诚信建设重在推行法律法规，而低估了诚信文化的作用，认为诚信文化建设处于从属地位，为制度建设提供保障。事实上，社会信用体系的运行，除了需要法律法规的强制性保障之外，文化的软性约束同样举足轻重、不可或缺。

培育文明风尚、增强全社会诚信意识，要在符合国家法律法规的基础上，结合本地区历史文化、风土人情实际，制定完善科学合理、实用性操作性强的规章制度以及相应的精神鼓励和物质奖励制度，全面深化新时代文明实践中心建设，把诚信文化建设摆在重要位置，在群众中大力开展弘扬诚信传统美德、建设诚信文化活动，推进个人诚信体系建设，健全个人守信激励和失信惩戒机制，提高全社会信用水平。

2. 系统推进诚信文化建设

诚信文化建设虽然是社会信用体系建设的重要环节，起着无法替代的作用，但它不能代替社会信用体系其他领域的建设。在社会信用体系建设中，诚信文化不能单独发挥作用，必须融合于社会信用体系的发展战略、管理体制中，并且贯穿于社会信用体系建设的每一个环节，才能发挥其应有的作用。因此，诚信文化建设不仅要始终坚持贯彻诚信价值观，而且要与诚信制度建设、诚信机制建设、信用平台建设相结合，才能最大程度发挥诚信文化的重要作用。

3. 创新推进诚信文化建设

文化的建设是动态的、开放的、创新的。诚信文化建设也需要保持实时创新的态度。随着人们生产生活方式的变化，诚信文化建设也需要及时借鉴和吸收其他文化建设的先进理念和经验，这样才能满足时代需求。针对不同领域、不同群体、不同行业、不同对象，诚信文化建设的方式也不同。因此，诚信文化建设需借助必要的文化载体，针对不同的群体，将共性和个性、一般和个别的方式有机结合起来，形成既有时代特征又独具魅力的诚信文化。

4. 统筹推进诚信文化建设

诚信文化是诚信价值观的体现，它的最终目标是经历认知、认同、内化的过程后，能够以内在约束的方式规范社会成员的行为。诚信文化的建设并非一朝一夕可以完成。诚信文化在传播过程中会与社会环境、政治环境、经济环境等相互影响、相互制约。社会环境、政治环境、经济环境等是动态的，是不断发展变化的。这就要求诚信文化建设随着社会信用体系建设和诚信制度建设不断完善，伴随信用法律法规的实施，实时进行调整。因此，诚信文化建设需要长期规划，统筹推进。

（二）修身铸魂，构筑诚信坚实基础

《礼记·大学》阐释了修身、齐家、治国、平天下之间的关系，概述了一个人从提升自身品德修养开始，进而管理好家庭，再到治理国家、平定天下的过程，深刻体现了个人品德对于承担社会责任的重要性。“修身”指通过学习和实践，提升自己的道德品质、知识水平和能力素养，成为一个有德有才的人。这是个人成长的基础，也是实现其他目标的前提。

（三）家教以诚，上好“人生第一课”

培育诚信精神，让“诚信”这一中华民族传统美德世代相传，这是开展社会诚信建设的先决条件。家庭是孩子的“第一课堂”，父母要担负起“人生教师”

的重要职责，言传身教，让孩子在人生的起步阶段就可以感受和体验到诚信的价值和力量。中国古代传统故事，从“曾子杀猪”到“商鞅立木”，都是通过家庭教育让孩子做一个诚实守信的人，显示出父母对子女诚信教育的重视以及家庭教育对诚信品格塑造的重要性。

（四）春风化雨，用好校园主阵地

我国自古便重视教育。“民无信不立”“人而无信，不知其可也”，这些具有鲜明特色的诚信理念通过一代又一代的“教”与“授”传递至今，具有永不褪色的时代价值。

校园是开展教育的关键场所，是推动诚信社会建设的重要基地，是培养人才的摇篮，更是塑造学生品德和价值观的主阵地。学校应当充分利用和发挥主阵地优势，依托相关课程开展诚信教育。要鼓励和支持有条件的高等院校开设社会信用相关专业或者课程，通过春风化雨、润物无声的教育方式，潜移默化地将诚信意识植根于学生心田。同时，学校还应注重实践教育，加强与信用服务机构合作，通过校企合作、实习轮岗、建立产学研基地等方式培养信用服务专业人才，为社会培养爱岗敬业、诚实守信、勇担时代大任的栋梁之材。

（五）多点发力，让诚信蔚然成风

培育诚信精神不仅要从自我教育、家庭教育、学校教育这几方面入手，还要通过社会教育让诚信理念深入人心。中国古代有很多通过社会教育培育诚信精神的经典事例，其主要的教育方式便是将诚信精神转化为社会本能。现代社会则应充分利用广播、电视、报刊、网络等媒体，通过广泛传播和加强诚信宣传教育，向广大人民群众普及社会信用知识，褒扬诚实守信的先进典型，营造良好的社会诚信氛围，倡导社会成员自觉培育和践行包括诚信理念在内的社会主义核心价值观，让诚信在全社会蔚然成风。

四、场景拓展，夯实基础

为推进社会信用体系建设，提高全区的诚信意识和信用水平，内蒙古要积极拓展信用应用场景，通过“信用+”与各类社会信用场景相结合，为守信主体提供便利，激励和引导人们树立正确的价值观、自觉遵守社会道德规范、增强自我约束和自我管理能力。通过拓展“信用+”场景，在政务服务、公共服务、社会生活等不同领域中实施信用分级、分类监管，助力优化营商环境、降低交易成本、提高经济运行效率、提供便捷高效的服务，推动经济社会持续健康发展。

知识链接

相关领域信用场景拓展

1. 金融领域

金融领域是信用交易应用的重要场景之一。通过信用交易，消费者可以更加便捷地获得贷款、信用卡等服务，企业可以更加便利地开展信用支付、信用融资等业务。例如，中小企业可以通过“信易贷”平台发布融资需求；金融机构则可通过该平台查看企业的信用记录和经营状况，从而快速、准确地评估风险，为企业提供更加便捷的贷款服务。“信易租”是一个在线租赁平台，主要为用户提供各类物品的短期租赁服务，包括但不限于家电、家具、办公设备、摄影器材等。该平台将信用支付和租赁服务相结合，让用户感受到便捷、灵活的租赁体验。

2. 交通领域

交通领域也是信用交易应用的重要场景之一。通过信用记录、信用积分等方式，为乘客提供更加优质、便捷的出行服务，提高出行效率。例如，市民可以通过“信易行”公共出行服务平台使用共享单车、公交等公共交通工具，并且可以根据信用情况享受守信激励措施，如先使用后付款、租金减免等服务。“信易游”平台

则可以提供门票预订、酒店预订、导游服务、旅游保险等服务。同时，平台还会根据用户的信用状况，给予一定的优惠和折扣。

这些平台不仅可以提高市民的出行效率，增强公民的诚信意识，还可以提升公共交通的服务质量和用户体验。

3. 医疗领域

医疗就诊是关系国计民生的重大问题。近年来，国家卫健委、发改委、中医药局等部门发布多个文件，明确提出要建立健全医疗卫生机构信用档案。基于档案建设，可将医疗卫生机构信用信息纳入全国信用信息共享平台和国家企业信用信息公示系统，推动医疗卫生机构信用评价与评先评优、等级评审、项目安排、资金安排等挂钩。同时，鼓励各地结合实际，探索应用“信用+”医疗就诊等模式，加强医疗卫生机构信用信息应用，推动落实守信联合激励和失信联合惩戒。

4. 公共服务领域

公共服务领域也是信用交易应用的重要场景之一。通过建立个人信用档案、积累信用积分等方式，可以为公众提供更加便捷、高效的公共服务，提高社会治理水平。

例如，在图书借阅领域，“信易阅”提供了一种基于信用的借阅方式。具体来说，读者可以通过“信易阅”平台借阅图书，借阅期限根据图书类型和借阅政策，有所不同。“信易阅”平台是“信用+”公共服务场景的延伸，可以提高借阅的便捷性和可靠性，同时为读者带来良好的借阅体验。

又如，针对“信用+”公共服务场景，面向大众推出“信易惠”平台。该平台基于信用，通过为用户提供各种优惠和便利，鼓励用户参与和使用公共服务。例如，在城市公共交通领域，为市民提供基于信用的乘车优惠；在医疗服务领域，为信用良好的患者提供预约挂号、诊疗费用减免等优惠服务；在教育服务领域，为信用良好的学生提供学费减免、奖学金、助学金等优惠政策。

5. 电子商务领域

电子商务领域是信用交易应用的重要场景之一。通过信用评价、信用担保等方式，电商平台可以为消费者提供更加可靠、安全的购物服务，降低交易风险。例如，国内电商界的领军企业阿里巴巴已经推出了企业诚信查询平台，用户可以输入企业名称或法定代表人信息，查询企业与信用相关的各类信息。此外，阿里巴巴还针对守信用户推出“急速退货”服务，在保障消费者权益的同时，维护电商平台的公平竞争。“信用＋”电子商务的发展，有助于提高电商领域的诚信水平，增强消费者的信任度，促进电商健康发展。

延伸阅读>

《商务部发布〈电子商务企业诚信档案评价规范〉行业标准》，中华人民共和国商务部网站 2021 年 2 月 8 日。

后　记

深入贯彻落实党的二十大精神，在全面建设社会主义现代化国家新征程上奋力谱写内蒙古发展新篇章，需要营造良好社会氛围。通过推动“一个加强、四个提升”，使全区社会信用环境持续改善，全民讲诚信、重诚信、守诚信的氛围更加浓厚，进一步把内蒙古的正面形象立起来，夯实高质量发展的信用基石，对于全面构建与自治区高质量发展相适应的社会信用体系，持续优化全区营商环境和信用环境，具有十分重要的意义。

本书在编写过程中，得到了自治区有关部门和部分单位负责同志以及专家学者的大力支持。内蒙古工业大学、内蒙古财经大学、内蒙古警察职业学院、内蒙古鸿德文理学院等牵头负责相关章节的编写工作。自治区党委政法委员会、自治区政府办公厅、自治区发展和改革委员会、自治区公安厅、自治区司法厅、自治区商务厅、自治区市场监督管理局、自治区政务服务与数据管理局、自治区高级人民法院、自治区人民检察院、自治区工商联等提出了宝贵意见。

参加本书编写工作的有（按照政务诚信篇、商务诚信篇、社会诚信篇、司法公信篇排序）：迟占霞、杨宇烨、唐雅娟，段翀、贾秀敏，霍小菲、道日娜、李漠颖，罗威丽、康恩涛。内蒙古警察职业学院院长李永林、内蒙古社科院原院长李春林对本书编写提出了宝贵意见。

符雷同志主持了本书的编写工作。王晓平、王虎审改了全部书稿。布和、李莉、杜婧、张铭同志参与了起草、修改和统稿工作。王静、王曼、董丽娟、蔺小英、孙红梅、刘那日苏、吉雅负责书稿的编辑、排版工作。

由于编者水平有限，书中难免存在不足之处，恳请读者批评指正。

本书编写组

2024 年 3 月